U1000213

2020

国家统一法律职业资格考试系列用书

命题人讲主观题

中国特色社会主义法治理论

命题预测+考点精讲+典型真题+模拟金题

桑　磊◎主编
祁春铁◎编著

中国经济出版社
CHINA ECONOMIC PUBLISHING HOUSE
中国石化出版社
HTTP://WWW.SINOPEC-PRESS.COM

图书在版编目（CIP）数据

命题人讲主观题．中国特色社会主义法治理论/桑磊主编．
—北京：中国经济出版社：中国石化出版社，2020.4
2020 国家统一法律职业资格考试系列用书
ISBN 978 - 7 - 5136 - 6081 - 5

Ⅰ.①命…　Ⅱ.①桑…　Ⅲ.①社会主义法治—中国—资格考试—自学参考资料
Ⅳ.①D92

中国版本图书馆 CIP 数据核字（2020）第 036795 号

策划编辑　崔姜薇
责任编辑　王建昌
责任印制　马小宾
封面设计　任燕飞装帧设计工作室

出版发行　中国经济出版社
印 刷 者　北京柏力行彩印有限公司
经 销 者　各地新华书店
开　　本　710mm × 1000mm　1/16
印　　张　8.5
字　　数　150 千字
版　　次　2020 年 4 月第 2 版
印　　次　2020 年 4 月第 1 次
定　　价　23.80 元
广告经营许可证　京西工商广字第 8179 号

中国经济出版社　**网址** www.economyph.com　**社址** 北京市东城区安定门外大街　**邮编** 100011
本版图书如存在印装质量问题，请与本社销售中心联系调换（联系电话：010 - 57512564）

>> PREFACE 前言

法考元年，考试主管机关经过多年酝酿，最终将考试分为客观题和主观题两个阶段，将主观题从司考时代的第四卷独立为一个阶段的考试，分值也从150分增至180分，同时考场上配备法律法规汇编，实现了客观题考查基础知识、主观题考查能力的不同分工，彰显了主管机关不断推进考试改革的决心。至今为止的实践表明，这项改革措施极大增强了考试的科学性，将法律职业人才的考试选拔工作向前推进了一大步。

一、主观题考试的特点

根据多年的相关经验，在“2018年桑磊法考主观题保过班”上，本人即预测了主观题考试的四大特点，即理论性、融合性、开放性和限缩性。

（一）理论性显著增强。主观题考试考查考生运用法律知识解决实际问题的能力，在一定程度上，可以说就是考查理论深度。

（二）融合性突出。出现两学科甚至多学科的交叉融合考查，是主观题试题形式上的最大变化。其分两个层次：①民法与民诉结合、刑法与刑诉结合，甚至民法与商法、民诉结合。②再进一步，将民法、刑法、行政法结合，或者与司法制度、法律文书结合。

（三）开放性进一步得到体现。司考时期只有第四卷第七题是开放性试题，无标准答案，评阅时实行“双评”。法考时期，开放性试题会增多，允许有多个答案，只要言之有理、有理有据即可。

（四）限缩性趋势明显。这一特点主要在于主观题考试题量的变化方面，即法考主观题考试可能在原来卷四基础上增加一两道融合性试题，也可能减少题量。法考未来的趋势是主观题数量会减少，通过少量的论述题即可考查考生的能力。

从2018年和2019年两届考生的普遍反馈来看，上述四大特点基本得到了验证，特别是融合性和限缩性两个方面。在融合性方面，出现了一道“大民事”综合性试题，融合考查了民法、商法、民事诉讼法三科的相关知识要点；在限缩性方面，全卷只有6道试题，其中两道选做题择一，考生实际上只需做五道试题，与司考时代第四卷相比，题量减少了两道试题。

二、主观题考试趋势分析

2020年及之后的主观题考试会怎样考查呢？本人认为有以下几点值得强调：

一是融合性继续扩大。在连续两年出现一道综合性大题之后，2020年及之后会加大考查力度，有可能增加此种类型题目的命题数量，或者出现融合三大实体法的试题。

二是限缩性进一步增强。多学科综合性试题增多之后，无须增加题量即可达到考查的目的，所以题量的长远趋势是继续削减。我国的法考改革借鉴了大陆法系国家的成熟经验，从大陆法系国家的通行做法来看，只需少量试题即可实现对考生法律实际运用能力的考查。

三是主观性逐步强化。主观题之所以为主观题，是因为无论在考查目的上还是试题形式上，都与客观题明显不同。其中的一个显著特点是提问的笼统性，并且往往只设置极少提问，如司考时期只设置了一问的刑法主观题（2017年、2015年、2014年、2009年）和卷四第七题，这样才能真正考查考生的分析能力。而传统的、设有很多小问的案例分析大题并不是真正意义上的主观题，那样更类似客观题，其并不能实现主观题考试的测试目的。因此，长远来看，主观题的问题设置数量应该减少，答案也将会更加开放。

根据以上主观题考试命题趋势，本人特意组织前命题人团队编写了本套用书。其中，撰写每个科目的作者老师均具有丰富的命题经验，他们在书中为大家分析了本学科的命题规律和趋势，提炼了解题思路，详细阐述了主观题考点，并从近十年的主观题中精选出典型试题进行了深入剖析。最后，每科为大家提供了3～5道高质量的模拟试题，其中有两科甚至多科的融合性试题，希望大家反复认真练习，力争掌握解题的诀窍。

需要特别强调的是，由于司法部不再公布法考试题，而考生对2018年和2019年主观题真题的需求较为强烈，为此，本人组织各位前命题人搜集了网上多个版本的考生回忆资料，在此基础上，按照真题的标准进行了精心改造和复原，最终的成果应该比较接近 2018 年和 2019 年主观题真题的原貌，特收入本书第三部分，以飨广大读者。

另外，对于书中的经典真题和模拟试题，各科目的作者老师还分别录制了配套的微课讲解视频，大家在书中试题的位置手机扫码关注“桑磊法考”公众号即可免费观看。自 2020 年 4 月开始，本人也会组织各科老师为大家带读 2020 年主观题考点内容，届时敬请广大读者关注“桑磊法考”微信公众号。

由于成书仓促，错误之处在所难免，恳请大家指正。

最后，预祝大家 2020 年度能够顺利通过主观题考试，圆梦法考！在法考之路上，我们将和大家同行！

桑　磊

2020 年 4 月

>> CONTENTS 目录

第一部分　命题人讲命题

在司考时代，中国特色社会主义法治理论是卷四的必考内容。自2018年法考时代开启以后，“以法治理论论述题作为主观题第一题”的考试传统逐渐形成并得以持续保持。在180分的主观卷中，中国特色社会主义法治理论的这道论述题占了38分，分值比例达到21%。所以，考生如果想顺利通过主观题考试，就应当在备考中重视中国特色社会主义法治理论科目。接下来，我们将先从命题规律上对中国特色社会主义法治理论部分的命题情况进行总结，然后结合历年真题讲解其在主观题中的命题思路。

一、命题规律

中国特色社会主义法治理论部分，目前在司考时代考查了三年（2015—2017），在法考时代考查了两年（2018、2019），所以难以总结出明显带有规律性的命题趋势。尽管如此，在命题取材、命题形式等方面还是存在一定的固定模式，考生可以通过熟悉这部分的命题方式，预测考查重点，做到胸有成竹，从而在考试中取得理想的分数。

从命题方式上看，从2015年到2019年这五年主观题都是“两三段材料+一个问题”。“两三段材料”多出自中央文件或者习近平总书记的讲话，如《中共中央关于全面推进依法治国若干重大问题的决定》（以下简称《决定》）全文、习近平《关于〈中共中央关于全面推进依法治国若干重大问题的决定〉的说明》、《中共中央关于深化党和国家机构改革的决定》、习近平《在十八届中央政治局第四次集体学习时的讲话》、习近平《在中央全面依法治国委员会第一次会议上的讲话》、习近平考察中国政法大学时的讲话等。

材料的出处是否有规律可循呢？第一，官方“四大本”中在“中国特色社会主义法治理论”参考文献中提到四个文献：中共中央文献研究室编的《习近平关于全面依法治国论述摘编》、《决定》全文、党的十九大报告有关法治的论述和《中国共产党政法工作条例》。这四个文献都可能成为材料的出处，尤其是第一个。第二，由于《习近平关于全面依法治国论述摘编》出版于2015年4月，所以无法覆盖其后习近平关于全面依法治国的新的论述。从2018年和2019年命题的材料选择上来看，还需要关注近几年习总书记的重要讲话，例如习近平《在庆祝中国共产党成立95周年大会上的讲话》、习近平在中央全面依法治国委员会第一次会议上的讲话和第二次会议上的讲话、习近平在中央政法工作会议上的讲话等。第三，需要关注的是近几年在国家政治生活中发生的重要事件和相关文件，例如2018年3月11日第十三届全国人民代表大会第一次会议通过的《中华人民共和国宪法修正案》、2018年3月发布的《中共中央关于深化党和国家机构改革的决定》、2019年1月印发的《中国共产党政法工作条例》等。

"一个问题"通常的提问方式是"请根据材料，结合……，谈谈……"，在"谈谈……"部分，有时是从某个角度谈谈什么，有时是谈谈什么（某考点）对于什么（某考点）的意义，这都是为了融入多个考点，增加论述的难度，考查考生对知识融会贯通的能力。

从考点选择上来看，命题人通常会考虑当年或近年来习近平总书记的重要讲话、中央重要文件、社会重大问题、重要事件或者热点案件，挖掘其背后的理论问题，考查考生的认知和理解程度，分析问题、阐述问题的能力。

在备考中要做到"厚积"，才能在考场上实现"薄发"。从考点的命题趋势上来看，重要知识点是命题的考查重点。大家应当结合社会热点，抓住重要知识点，并对其全面掌握。下表是对近五年主观题的考点、分值、命题背景进行的总结：

年度	设问	考点	分值	命题背景
2015	结合全面推进依法治国的总目标，从立法、执法、司法三个环节谈谈建设社会主义法治国家的意义和基本要求	全面推进依法治国的总目标	5	首次考查《决定》内容，宏观视角提纲挈领考查总目标和法治工作基本格局
		法治工作的基本格局	15	
2016	结合依宪治国、依宪执政的总体要求，谈谈法律面前人人平等的原则对于推进严格司法的意义	健全宪法实施和监督制度	6	《决定》首次提出严格司法，结合"健全宪法实施"和"法律面前人人平等的原则"进行命题
		坚持法律面前人人平等	4	
		推进严格司法	10	

续表

年度	设问	考点	分值	命题背景
2017	结合自己对中华法文化中“天理、国法、人情”的理解，谈谈在现实社会的司法、执法实践中，一些影响性裁判、处罚决定公布后，有的深获广大公众认同，取得良好社会效果，有的则与社会公众较普遍的认识有相当距离，甚至截然相反判断的原因和看法	坚持从中国实际出发	3	结合习近平总书记考察中国政法大学的讲话、“聊城辱母案”等争议案件、最高法院副院长沈德咏关于“个案判决要综合考量天理、国法、人情”的讲话进行命题
		坚持依法治国和以德治国相结合	2	
		深入推进科学立法和民主立法	5	
		坚持规范公正执法	6	
		坚持公正司法、严格司法	6	
2018	结合工作和学习，谈谈坚定不移走中国特色社会主义法治道路的核心要义	推进全面依法治国的指导思想和总目标	10	结合十九大报告对总目标的强调和对深化依法治国实践的部署、宪法修改、对党的领导地位的强调进行命题
		坚持中国共产党的领导的基本原则	10	
		习近平新时代中国特色社会主义法治思想是马克思主义法律思想中国化的最新成果	10	
		新时代深化依法治国实践的主要任务	8	
2019	结合对深化党和政府机构改革的认识，谈谈法治政府建设在全面依法治国中的重要意义以及新时代法治政府建设的根本遵循	全面依法治国的总目标及一体建设	10	结合《中共中央关于深化党和国家机构改革的决定》和完善坚持党的全面领导的制度，以及法治国家、法治政府、法治社会一体建设进行命题
		坚持中国共产党的领导、依法执政	10	
		坚持从中国实际出发	6	
		建设法治政府的意义和基本要求	12	

二、解题思路

法治理论主观题的答题可以分三步进行，即“认真阅读材料，准确解读内容；完整理解问题，把握逻辑关系；列出结构层次，展开分析论证”的方式。材料限定了答题方向，问题则指引了答题要点，框定了答题结构和层次。

第一步：（在初步审题后，带着问题）完整准确地阅读和理解命题人提供的材料，把握其提供的核心信息（可以画线、做标记）。

第二步：（在透彻把握材料的基础上）完整准确地理解问题，把握问题框定的答题重点（可以画圈），形成逻辑链条。

第三步：（在逻辑链条的基础上）抓住答题的基本结构，列出简要提纲，再依次作答。

其中，最关键和最核心的是抓住材料和问题、考点之间的逻辑关系，这个逻辑关系就是答题的基本结构。下面以2015—2019年的主观题为例进行说明。

2015年的主观题，命题人选择的材料二出自《决定》原文，是对法治建设“存在问题”的依次总结；材料一出自习近平对《决定》所做的说明（下称《说明》），其中点出“必须全面推进社会主义法治国家建设，从法治上为解决这些问题提供制度化方案”。结合问题，命题人要求考生抓住的逻辑链条是“存在的问题—从法治上为解决这些问题提供制度化方案—总目标—基本格局及其要求”，而关键点是“全面推进社会主义法治国家建设，从法治上为解决这些问题提供制度化方案”，这决定了答题的结构和要点。

2016年的主观题，材料一出自《决定》“总论”，是对“坚持法律面前人人平等”原则的具体阐述。材料二出自习近平《在十八届中央政治局第四次集体学习时的讲话》（下称《讲话》），内容是关于“坚持公正司法”（该考点在2016年是“坚持严格司法”，在2018年改为“坚持公正司法”），而公正司法的内涵之一就是在法律适用中坚持人人平等。结合问题，命题人要求考生抓住的逻辑链条是“依宪治国、依宪执政—具体到司法领域—具体到严格司法必须贯彻法律面前人人平等的原则”，破解其中的关键点，其一是依宪治国、依宪执政必须贯彻法律面前人人平等的原则，其二是严格司法是法律面前人人平等原则在司法环节的具体表现。

2017 年的主观题，材料一也出自《讲话》，从司法的角度指出司法不公使法律定分止争的功能难以实现，也导致人心不服，进而框定需要解决“影响司法公正和制约司法能力的深层次问题”。材料二出自习近平在中国政法大学考察时的讲话，强调在国家治理中要从中国的历史和现实国情出发，从中国实际出发。结合问题，命题人要求考生抓住的逻辑链条是“中华法文化中的‘天理国法人情’有其合理之处—国法与天理人情之间的张力导致执法/司法实践中法律效果和社会效果之间的差距—如何看待并拉近这种差距”，其关键点是法的观念是被塑造出来的，它不能超越于置身其中的文化。因此需要准确认识到中国外源型的法的现代化，把握国法和人们的共同理性和共同情感之间的隔阂，分析法律在本土化的过程中，在适用时存在的问题及解决路径。

2018 年的主观题（回忆版）有三段材料，材料一出自《说明》，强调了中国特色社会主义法治道路不同于西方的法治道路，它“是建设社会主义法治国家的唯一正确道路”。材料二出自习近平《在庆祝中国共产党成立 95 周年大会上的讲话》，点明了全面依法治国和坚持党的领导之间的关系。同时，作为三段材料的第二段，向上承接回答了材料一中提出的问题，向下引出宪法修改的重点内容。材料三引自 2018 年《宪法修正案》，重点是增加了“习近平新时代中国特色社会主义思想”，完善了中国特色社会主义制度的内容，重申了要继续在“中国共产党领导下”实现这一目标。结合问题，命题人要求考生抓住的逻辑链条是“总述中国特色社会主义法治道路核心要义—分述核心要义各方面—总结陈述深化主题”，其关键点是提炼出“在中国共产党领导下，坚持中国特色社会主义制度，贯彻中国特色社会主义法治理论”这一核心要义，并将其与全面依法治国的具体实践相结合进行阐述。

2019 年的主观题（回忆版）有三段材料，材料一出自习近平在依法治国委员会第一次会议上的讲话，强调的是在依法治国的系统工程中，关键在于党要坚持依法执政、各级政府要坚持依法行政，法治政府是建设法治国家的主体。材料二出自习总书记的文章《加快建设社会主义法治国家》，强调的是，党依法执政和各级政府依法行政对于依法治国的重要意义，并阐述了如何推进党依法执政和各级政府依法行政。材料三出自《中共中央关于深化党和国家机构改革的决定》，阐述的深化党和国家机构改革的目标，最终落脚点是全面提高国家治理能力和治理水平。结合问题，命题人要求考生抓住的逻辑关系是“深化党和政府机构改革旨在实现党依法执政、各级政府依法行政—为什么？（因为法治政府建设是法治国家建设的关键）—怎么办？（在法治政府建设中要贯彻中国特色社会主义道路、理论体系和制度）”，其中关键点是认识到“深化党和政府机构改革旨在实现党依法执政、各级政府依法行政”，并理解到党的领导和社会主义法治（包括法治政府建设）之间的一致性。这个一致性可以解释为什么将党和政府机关改革放在一起进行强调，也可以解释为什么依法治国、依法执政和依法行政构成一体建设和共同推进。

总之，只要掌握了命题规律和解题思路，中国特色社会主义法治理论的主观题相较于案例分析题更容易得分。大家要做到沉着冷静，对待材料和问题不要草率，要按照前面的步骤审慎分析，抓住答题结构。只要达到论证充分、观点明确、逻辑严谨、文字通顺等方面的要求，就能取得理想的分数。

第二部分　命题人讲考点

考点 1　推进全面依法治国的重大意义

命题分析

“推进全面依法治国的重大意义”是一个重要考点。作为基本原理中的考点，它可以和法治工作的基本格局的某个具体方面结合进行考查，例如“结合推进全面依法治国的重大意义，谈谈你对健全宪法实施和监督、推进合宪性审查工作的理解”。考生在理解该考点时，要注意它在国家建设宏观布局中的位置。此外可以结合法治建设中存在的问题，理解各项具体的改革举措，因为命题时也可以将“存在的问题—改革举措—推进全面依法治国的重大意义”连成一条线进行考查。

考点解析

《决定》开宗明义，指出推进全面依法治国的重大意义：依法治国，是坚持和发展中国特色社会主义的本质要求和重要保障，是实现国家治理体系和治理能力现代化的必然要求，事关我们党执政兴国，事关人民幸福安康，事关党和国家长治久安。对这一考点，在理解时，需要注意以下几点：

一、推进全面依法治国在宏观布局中的位置

党在十八大研究部署了全面建成小康社会，十八届三中全会研究部署了全面深化改革。在我国全面建成小康社会的决定性阶段和全面深化改革进入攻坚期、深水区之际，十八届四中全会专门研究部署了全面推进依法治国。正如习近平总书记强调指出，党的十八届四中全会通过的全面推进依法治国的决定，与党的十八届三中全会通过的全面深化改革的决定形成了姊妹篇。全面建成小康社会既需要深化改革提供动力，也需要加强法治提供保障。全面深化改革、全面推进依法治国就像两个轮子，共同推动全

面建成小康社会的事业滚滚向前。所以三个“全面”可以说是“一体两翼”，“一体”就是全面建成小康社会，“两翼”分别是全面深化改革和全面推进依法治国。①

二、法治建设中存在的问题

法治建设中存在的问题凸显了推进全面依法治国的意义，也框定了法治工作的基本格局和具体举措。这些问题，违背了社会主义法治原则，损害了人民群众利益，妨碍党和国家事业发展，需要下大气力解决。这些问题包括：

（1）有的法律法规未能全面反映客观规律和人民意愿，针对性、可操作性不强，立法工作中部门化倾向、争权诿责现象较为突出。

（2）有法不依、执法不严、违法不究现象比较严重，执法体制权责脱节、多头执法、选择性执法现象仍然存在，执法不规范、不严格、不透明、不文明现象较为突出，群众对执法不公和腐败问题反映强烈。

（3）司法不规范、不严格、不透明、不文明现象也很突出，群众对司法不公和腐败问题反映也很强烈。

（4）部分社会成员尊法信法守法用法、依法维权意识不强。

（5）一些国家工作人员特别是领导干部依法办事观念不强、能力不足，知法犯法、以言代法、以权压法、徇私枉法现象依然存在。

部分具体的改革举措，与这些问题相互之间是对应的：

法治建设中需要解决的问题	具体改革举措
有的法律法规未能全面反映客观规律和人民意愿，针对性、可操作性不强	深入推进科学立法、民主立法
立法工作中部门化倾向、争权诿责现象较为突出	完善立法体制
有法不依、执法不严、违法不究现象比较严重	依法全面履行政府职能
执法体制权责脱节、多头执法、选择性执法现象仍然存在	深化行政执法体制改革
执法不规范、不严格、不透明、不文明现象较为突出	坚持严格规范公正文明执法、全面推进政务公开

① 袁曙宏：《全面推进依法治国 加快建设社会主义法治国家的纲领性文献》，《时事报告》2014 年第 11 期。

续表

法治建设中需要解决的问题	具体改革举措
群众对执法不公和腐败问题反映强烈	强化对行政权力的制约和监督
司法不规范、不严格、不透明、不文明现象也很突出	推进严格司法
群众对司法不公和腐败问题反映也很强烈	提高司法公信力
部分社会成员尊法信法守法用法，依法维权意识不强	推动全社会树立法治意识
一些国家工作人员特别是领导干部依法办事观念不强、能力不足，知法犯法、以言代法、以权压法、徇私枉法	提高党员干部法治思维和依法办事能力

三、依法治国，是实现国家治理体系和治理能力现代化的必然要求

全面深化改革的总目标是完善和发展中国特色社会主义制度，推进国家治理体系和治理能力现代化，而依法治国，是实现国家治理体系和治理能力现代化的必然要求。所以，“实现国家治理体系和治理能力现代化”成为勾连全面深化改革和全面依法治国的重要方面，也是全面依法治国重大意义的重要方面。在命题上，该考点可以考查的空间很大，所以接下来对此展开讲解。

国家治理体系是国家治国理政制度体系的总称。国家治理体系的定性、定位、内容及其发展完善，是一国执政意志的集中表现，与执政权的行使、社会的需求和宪法法律的规定直接相关。国家治理能力指一国治理体系发挥作用、体现价值和实现目标的一种水平和能力，它具体包括执政党的执政能力、行政机关的执法能力、司法机关的司法能力、参政党的参政能力、军队的国防军事能力、公民和社会的有序参与社会治理能力等，以及它们相互之间的协调互补、分工合作。习近平总书记指出，国家治理体系和治理能力是一个国家的制度和制度执行能力的集中体现，二者相辅相成。十九大报告中指出，“全面依法治国是国家治理的一场深刻革命”。

实现国家治理体系和治理能力的现代化，是以国家治理主体和人的最大解放、人权的最大实现和人民的最大幸福为最大目标，通过国家治理体系的有效运转和法治规则的有效运用，让现代化成果惠及民众，实现国家

的有效有序治理。① 因此,《决定》中的改革举措,都是从不同方面通过实现法治,从而最终实现国家治理体系和治理能力的现代化。

考点2　全面依法治国的总目标

命题分析

“全面依法治国的指导思想和总目标”在2015年、2018年、2019年真题中进行过考查。对于主观题来说,它是一个“重者恒重”的考点。所以,考生需要对“全面依法治国的指导思想和总目标”在理解的基础上进行准确记忆,同时把握总目标对全面推进依法治国起纲举目张的作用。“习近平新时代中国特色社会主义法治思想是马克思主义法律思想中国化的最新成果”作为新增考点,也应当进行全面理解,答题时应当阐明。

考点解析

全面推进依法治国,指导思想是贯彻落实党的十九大精神,高举中国特色社会主义伟大旗帜,以马克思列宁主义、毛泽东思想、邓小平理论、“三个代表”重要思想、科学发展观、习近平新时代中国特色社会主义指导思想为指导,坚持党的领导、人民当家作主、依法治国有机统一,坚定不移走中国特色社会主义法治道路,坚决维护宪法法律权威,依法维护人民权益、维护社会公平正义、维护国家安全稳定,为实现“两个一百年”奋斗目标、实现中华民族伟大复兴的中国梦提供有力法治保障。

全面推进依法治国,总目标是建设中国特色社会主义法治体系,建设社会主义法治国家。这就是,在中国共产党领导下,坚持中国特色社会主义制度,贯彻中国特色社会主义法治理论,形成完备的法律规范体系、高效的法治实施体系、严密的法治监督体系、有力的法治保障体系,形成完善的党内法规体系,坚持依法治国、依法执政、依法行政共同推进,坚持法治国家、法治政府、法治社会一体建设,实现科学立法、严格执法、公正司法、全民守法,促进国家治理体系和治理能力现代化。

如果说,推进全面依法治国的指导思想是在说明中国特色社会主义法

① 应松年:《加快法治建设　促进国家治理体系和治理能力现代化》,《中国法学》2014年第6期,第43~45页。

治要“举什么旗”“走什么路”，那么总目标就是在说作出什么价值和制度选择，实现什么目标。这个总目标是《决定》的最大亮点、最大创新，意义重大。总目标既明确了全面推进依法治国的性质和方向，又突出了全面推进依法治国的工作重点和总抓手，是贯穿《决定》的主线，对全面推进依法治国具有纲举目张的作用。在十九大报告中，作为新时代中国特色社会主义思想的精神实质和丰富内涵的一个方面，“坚持全面依法治国”得到了进一步的强调。可以从四个层次上理解总目标的含义：

一、在中国共产党领导下，坚持中国特色社会主义制度，贯彻中国特色社会主义法治理论

这阐明了中国特色社会主义法治道路的核心要义，规定和确保了中国特色社会主义法治体系的制度属性和前进方向。

首先，中国共产党的领导是中国特色社会主义最本质的特征，是社会主义法治最根本的保证。坚持党的领导也是全面推进依法治国的基本原则之一，是我国社会主义法治建设的一条基本经验。我国宪法确立了中国共产党的领导地位。坚持党的领导，是社会主义法治的根本要求，是全面推进依法治国的题中应有之义，党对法治的领导体现在党领导立法、保证执法、支持司法、带头守法。

其次，中国特色社会主义制度是中国特色社会主义法治体系的根本制度基础，是全面推进依法治国的根本制度保障。这是中国特色社会主义法治道路区别于西方资本主义宪政道路的根本标志之一。以宪法为核心的中国特色社会主义法律体系，就是对中国特色社会主义制度法律化、法制化。应当在此基础上实现科学立法、民主立法，依法立法，实现严格规范公正文明执法，实现公正司法。

再次，中国特色社会主义法治理论是中国特色社会主义法治体系的理论指导和学理支撑，是全面推进依法治国的行动指南。贯彻中国特色社会主义法治理论，要坚持马克思主义法学思想的指导。习近平新时代中国特色社会主义法治思想是马克思主义法律思想中国化的最新成果，应当发展符合中国实际、具有中国特色、体现社会发展规律的社会主义法治理论，既与时俱进、体现时代精神，又绝不照搬外国法治理念和模式。

二、形成五大体系

（1）形成完备的法律规范体系，即中国特色社会主义法律体系。2011

年3月10日第十一届全国人大第四次会议正式宣布：中国特色社会主义法律体系已形成。但是还需要进一步对这个法律规范体系进行完善。

（2）形成高效的法治实施体系。法的实施是法的实效和法的实现的保证，包括执法、司法、守法等环节。只有通过严格执法、公正司法、全民守法才能使观念中的法的要素落实在现实的法律生活中。

（3）形成严密的法治监督体系。这主要指的是必须对公权力，即对立法权、执法权和司法权进行严密监督。因此在法治工作的基本格局中，每个部分都分别提出健全宪法监督制度、强化对行政权力的监督、加强对司法活动的监督。

（4）形成有力的法治保障体系。最根本的保障就是党的领导。此外还有法治工作队伍的保障即人才保障。

（5）形成完善的党内法规体系。这是《决定》的重大创新。这个考点考生一定要重视。

三、坚持依法治国、依法执政、依法行政共同推进，坚持法治国家、法治政府、法治社会一体建设

“共同推进”和“一体建设”是理解中国特色社会主义法治理论基本原理的一个非常重要的方面，它体现的是推进依法治国的整体性、系统性和协同性。

依法治国是党领导人民治理国家的基本方略，依法执政是党在新的历史条件下执政的基本方式，依法行政是各级政府的基本准则。法治国家指的是整个国家和国家权力都要在法治的轨道上运行；法治政府是法治国家的主体，因为政府作为国家公共管理机关，活动范围具有广泛性，涉及人民群众的切身利益，只有依法行政才能保证社会的稳定发展。法治社会是法治国家和法治政府的基础。

四、促进国家治理体系和治理能力现代化

全面推进依法治国是为了推进国家治理体系和治理能力现代化，法治是国家治理体系和治理能力的集中体现和重要依托。①

① 袁曙宏：《全面推进依法治国　加快建设社会主义法治国家的纲领性文献》，《时事报告》2014年第11期。

考点3　习近平新时代中国特色社会主义法治思想是马克思主义法律思想中国化的最新成果

命题分析

“习近平新时代中国特色社会主义法治思想是马克思主义法律思想中国化的最新成果”在2018年、2019年真题中都有所涉及。该考点是2018年新增的考点，又连考两年，可见其重要程度。作为中国特色社会主义法治理论在当代的集中体现，该考点既可以置于全面依法治国的指导思想和总目标中考查，也可以置于中国特色社会主义理论体系中考查。大家在备考时要对该考点全面理解，答题时方能熟练运用。

考点解析

“习近平新时代中国特色社会主义法治思想是马克思主义法律思想中国化的最新成果”，在2019年官方教材“四大本”第一卷“中国特色社会主义法治理论”部分并没有展开阐释。下面结合最新理论研究成果进行讲解：①

一、习近平新时代中国特色社会主义法治思想形成的标志

党的十八届四中全会作出《中共中央关于全面推进依法治国若干重大问题的决定》，提出了全面推进依法治国的指导思想、基本原则、总目标、总抓手、基本任务、法治工作的基本格局，阐释了中国特色社会主义法治道路的核心要义，回答了党的领导与依法治国的关系等重大问题。

《决定》把中国特色社会主义法治道路、法治理论、法治体系“三位一体”全面建设提到了全新的历史高度，使全面依法治国从理论创新、顶层设计到实践推进迈上了更高的历史起点，标志着习近平新时代中国特色社会主义法治思想正式形成，具有十分重大的里程碑意义。

① 下文讲解主要引自李林：《习近平新时代中国特色社会主义法治思想的形成和发展》，中国社会科学网2018年3月15日。

二、党的十九大报告作为习近平新时代中国特色社会主义法治思想的最新理论成果

党的十九大报告进一步丰富和发展了中国特色社会主义法治理论，是习近平新时代中国特色社会主义法治思想的最新理论成果。党的十九大作出了中国特色社会主义进入新时代、我国社会主要矛盾已经转化等重大政治判断，确立了习近平新时代中国特色社会主义思想的历史地位。

社会主义法治国家的建设目标是，到2035年基本建成法治国家、法治政府、法治社会。实现“两个一百年”奋斗目标和“两个阶段”的战略安排，建设社会主义现代化强国，实现民族复兴的伟大梦想，必须坚持习近平新时代中国特色社会主义法治思想为指导思想和行动指南，坚持全面依法治国，加快建设中国特色社会主义法治体系、建设社会主义法治国家，必须把党的领导贯彻落实到依法治国全过程和各方面，坚定不移走中国特色社会主义法治道路，发展中国特色社会主义法治理论，从八个方面深化依法治国实践，努力把我国建设成为社会主义法治强国。这八个方面的任务是：

（1）推进科学立法、严格执法、公正司法、全民守法；

（2）成立中央全面依法治国领导小组，加强对法治中国建设的统一领导；

（3）加强宪法实施和监督，推进合宪性审查工作；

（4）推进科学立法、民主立法、依法立法，以良法促进发展、保障善治；

（5）建设法治政府，推进依法行政，严格规范公正文明执法；

（6）深化司法体制综合配套改革，全面落实司法责任制；

（7）加大全民普法力度，建设社会主义法治文化，树立宪法法律至上、法律面前人人平等的法治理念；

（8）各级党组织和全体党员要带头尊法学法守法用法。

三、习近平新时代中国特色社会主义法治思想的内容要旨

习近平新时代中国特色社会主义法治思想，是中国特色社会主义法治理论的灵魂，其蕴含的统筹布局的战略观、治国理政的方略观、公平正义

的价值观、党法统一的政治观、人民为本的主体观、宪法至上的权威观、全面推进的系统观、良法善治的治理观、于法有据的改革观、依法治权的监督观、民族复兴的强国观、命运共同体的全球观等新观点新理念新思想，是习近平新时代中国特色社会主义法治思想的精髓要义。

习近平新时代中国特色社会主义法治思想，是以党和人民实践经验和集体智慧的结晶，深刻阐释了新时代中国特色社会主义法治的理论依据、本质特征、指导思想、价值功能、内在要求、基本原则、发展方向等重大问题，系统阐述了什么是新时代的社会主义法治，为什么要全面依法治国，如何推进全面依法治国、建设中国特色社会主义法治体系和法治中国，如何运用法治方式和法治思维管理国家、治理社会、管理经济文化事业等一系列根本性问题，对于推进全面依法治国、建设社会主义法治国家，推进国家治理体系和治理能力现代化，把我国建成富强民主文明和谐美丽的社会主义现代化法治强国，具有重大的理论意义、历史意义和现实价值。

四、习近平新时代中国特色社会主义法治思想的理论地位

党的十九大最重大的政治成果，是把习近平新时代中国特色社会主义思想确立为我们党的指导思想和行动指南。习近平新时代中国特色社会主义法治思想，是新时代中国特色社会主义思想的重要组成部分，是中国特色社会主义理论体系的重要组成部分。

习近平新时代中国特色社会主义法治思想，是以马克思列宁主义、毛泽东思想、邓小平理论、“三个代表”重要思想、科学发展观和新时代中国特色社会主义思想为指导，坚持党的领导、人民当家作主、依法治国有机统一，坚定不移走中国特色社会主义法治道路，坚决维护宪法法律权威，依法维护人民权益、维护社会公平正义、维护国家安全稳定，是为实现“两个一百年”奋斗目标、实现中华民族伟大复兴中国梦提供有力法治保障的中国特色社会主义法治理论体系。

习近平新时代中国特色社会主义法治思想，是中国特色社会主义理论体系的重要组成部分，是对马克思列宁主义经典作家关于国家与法学说的中国化继承和最新发展，是对毛泽东同志关于人民民主法律思想的时代化丰富和实践性深化，是对邓小平理论、“三个代表”重要思想和科学发展观关于中国特色社会主义法治观念的系统化坚持和理论化创新，是对全面

依法治国和中国特色社会主义法治最新实践的科学总结和理论升华，是传承中华法文化精华、汲取全球法治精髓、借鉴国际法治经验的最新法治理论成果，是中华民族对世界法治文明和人类法治文化的原创性理论贡献，是全党全国人民为建设社会主义现代化法治强国、实现中华民族伟大复兴而奋斗的指导思想和行动指南。

考点4 坚持中国共产党的领导

命题分析

"坚持中国共产党的领导"推进全面依法治国的基本原则之一，该考点在2018年、2019年都进行了命题，其中2018年考查的是中国特色社会主义法治道路的核心要义，这个核心要义就是在中国共产党领导下，坚持中国特色社会主义制度，贯彻中国特色社会主义法治理论；2019年考查了法治政府建设的根本遵循，在贯彻中国特色社会主义道路上，强调的就是党的领导和社会主义法治的一致性。所以，在法治理论命题偏重政治性的趋势下，该考点今后的考查空间很大。在理解该考点时，大家可以注意它和相关考点之间的联系，包括坚持依法执政、加强党内法规制度建设、提高党员干部法治思维和依法办事能力等考点。

考点解析

坚持中国共产党的领导是全面依法治国的基本原则之一。党的领导是中国特色社会主义最本质的特征，是社会主义法治最根本的保证。在理解这一原则时，注意把握以下几点：

一、坚持中国共产党的领导的重大意义

中国共产党的领导是中国特色社会主义最本质的特征，是中国特色社会主义制度的最大优势。因此，一方面要把党的领导贯彻和体现到改革发展稳定、内政外交国防、治党治国治军等各个领域；另一方面要坚持科学执政、民主执政、依法执政，完善党的领导方式和执政方式，提高党的执政能力和领导水平。

中国共产党的领导是社会主义法治最根本的保证。把党的领导贯彻到

依法治国全过程和各方面，是我国社会主义法治建设的一条基本经验。我国宪法确立了中国共产党的领导地位。坚持党的领导，是社会主义法治的根本要求，是党和国家的根本所在、命脉所在，是全国各族人民的利益所系、幸福所系，是全面推进依法治国的题中应有之义。

坚持中国特色社会主义法治道路，全面推进依法治国，最根本的是坚持中国共产党的领导。中国共产党的领导是推进法治道路建设的根本保证和力量源泉。

二、党的领导和社会主义法治的一致性

党的领导和社会主义法治是一致的，社会主义法治必须坚持党的领导，党的领导必须依靠社会主义法治。

第一，社会主义法治必须坚持党的领导。只有在党的领导下依法治国、厉行法治，人民当家作主才能充分实现，国家和社会生活法治化才能有序推进。回顾法治建设的历程，始终坚持党的集中统一领导，是中国特色社会主义法治建设取得成功的根本保证。坚持人民主体地位、保证人民当家作主、维护人民合法权益，既是党的根本宗旨，也是社会主义法治建设的根本目的，两者并行不悖、相互促进。

第二，党的领导必须依靠社会主义法治。依法执政，既要求党依据宪法法律治国理政，也要求党依据党内法规管党治党。必须坚持党领导立法、保证执法、支持司法、带头守法，把依法治国基本方略同依法执政基本方式统一起来，把党总揽全局、协调各方同人大、政府、政协、审判机关、检察机关依法依章程履行职能、开展工作统一起来，把党领导人民制定和实施宪法法律同党坚持在宪法法律范围内活动统一起来，善于使党的主张通过法定程序成为国家意志，善于使党组织推荐的人选通过法定程序成为国家政权机关的领导人员，善于通过国家政权机关实施党对国家和社会的领导，善于运用民主集中制原则维护中央权威、维护全党全国团结统一。

考点5　坚持人民主体地位

命题分析

“坚持人民主体地位”是推进全面依法治国的基本原则之一，它体现

的是中国共产党执政的根本目的和核心理念，是坚定中国特色社会主义法治道路的本质要求。《决定》中的部分改革举措都是从这一原则出发提出的，考生可以前后贯通进行理解。

考点解析

坚持人民主体地位是推进全面依法治国的基本原则之一。在理解这一原则时，注意把握以下几点：

一、人民是依法治国的主体和力量源泉

马克思、恩格斯在《神圣家族》中提出："历史活动是群众的事业"，决定历史发展的是"行动着的群众"。这一观点确立了人民群众创造历史的主体地位，打破了既往的英雄史观。[①] 中国共产党人深刻洞察这个道理，创建了群众路线的工作方法。习近平总书记在谈到依法治国的人民主体地位原则时指出："我国社会主义制度保证了人民当家作主的主体地位，也保证了人民在全面推进依法治国中的主体地位。这是我们的制度优势，也是中国特色社会主义法治区别于资本主义法治的根本所在。"[②] 在依法治国中，坚持人民主体地位意味着充分吸收、体现人民群众的意志，制定既符合历史发展规律又适应人民意愿的法律法规，使得人民成为依法治国的主体和力量源泉。

人民代表大会制度是保证人民当家作主的根本政治制度。《宪法》第 1 条以国体的形式，回答了"国家是谁的国家"的问题。接下来第 2 条回答的是"国家权力归属于谁"和"如何保障人民权力真正实施"的问题，在制度保障上就是人民代表大会制度。

二、依法治国的目标主体

在法治问题上，重要的问题是，法律是为什么人立的、由什么人立法和护法、由什么人运用和受益。《决定》指出，"必须坚持法治建设为了人民、依靠人民、造福人民、保护人民，以保障人民根本权益为出发点和落脚点，保证人民依法享有广泛的权利和自由、承担应尽的义务，

① 王伟光：《论坚持人民主体地位》，《求是》2013 年第 3 期，第 17 页。

② 习近平：《加快建设社会主义法治国家》，《求是》2015 年第 1 期。

维护社会公平正义，促进共同富裕”。这是从依法治国的目标主体上，阐明法治建设必须维护人民利益，回答“为什么人立法”的问题，确立了“为人民立法”的原则。例如，要坚持科学立法，恪守以民为本、立法为民的原则。

三、依法治国的过程主体

《决定》指出，“必须保证人民在党的领导下，依照法律规定，通过各种途径和形式管理国家事务，管理经济文化事业，管理社会事务”。这是从依法治国的过程主体的角度，强调人民是管理国家事务的真正主体，回答“由什么人立法和护法”的问题，明确“由人民立法、由人民护法”。例如在立法上，要健全立法机关和社会公众沟通机制，拓宽公民有序参与立法途径；在司法上，强调保障人民群众参与司法，依靠人民推进公正司法。

在这一部分，注意人民通过各种途径和形式管理国家事务，但是并不等于“直接行使立法、执法和司法的权力”。

四、依法治国的运用主体

《决定》指出，“必须使人民认识到法律既是保障自身权利的有力武器，也是必须遵守的行为规范，增强全社会学法尊法守法用法意识，使法律为人民所掌握、所遵守、所运用”。这是从依法治国的运用主体的角度，强调人民是法律的真正受益者和运用者，回答“由什么人运用和受益”的问题，即“由人民受益、由人民运用”。[①] 例如在守法上，要推动全社会树立法治意识，人民既是社会主义法治的受益主体，享有法律规定的广泛的权利并受到法律的保护，也是守法的主体，在享受法律保护的同时应该履行应尽的法律义务。

下面用表格对这一考点内容进行总结：

① 以上分析框架参考了金民卿：《全面推进依法治国与坚持人民主体地位》，《江西社会科学》2015 年第 1 期。

含义	回答的问题	主旨	举例	常见错误
人民是依法治国的主体和力量源泉		人民在全面推进依法治国中的主体地位		
人民代表大会制度是保证人民当家作主的根本政治制度	“如何保障人民权力真正实施”			人民直接行使立法、执法和司法的权力
必须坚持法治建设为了人民、依靠人民、造福人民、保护人民，以保障人民根本权益为出发点和落脚点，保证人民依法享有广泛的权利和自由、承担应尽的义务，维护社会公平正义，促进共同富裕	“为什么人立法”	“为人民立法”	坚持科学立法，恪守以民为本、立法为民的原则	
必须保证人民在党的领导下，依照法律规定，通过各种途径和形式管理国家事务，管理经济文化事业，管理社会事务	“由什么人立法和护法”	“由人民立法、由人民护法”	在立法上，健全立法机关和社会公众沟通机制，拓宽公民有序参与立法途径；在司法上，保障人民群众参与司法	
必须使人民认识到法律既是保障自身权利的有力武器，也是必须遵守的行为规范，增强全社会学法尊法守法用法意识，使法律为人民所掌握、所遵守、所运用	“由什么人运用和受益”	“由人民受益、由人民运用”	在守法上，推动全社会树立法治意识	人民只享有权利（不承担应尽义务）；法律只是保障自身权利的武器（不是必须遵守的行为规范）

考点6 坚持法律面前人人平等

命题分析

“坚持法律面前人人平等”是推进全面依法治国的基本原则之一。该考点在2016年的论述题中考查过，即“法律面前人人平等的原则对推进严格司法的意义”。掌握这一考点，要完整理解这一原则的基本内涵，尤其重点是在“推进全面依法治国”中，提出该项基本原则的特殊意义及其针对的主体，进而和具体改革举措间建立联系。今后的考查形式，仍然可能是论述该原则对某一法治工作领域的改革举措的意义。

考点解析

坚持法律面前人人平等是推进全面依法治国的基本原则之一。在理解这一原则时，注意把握以下几点：

一、平等是社会主义法律的基本属性

“法律面前人人平等”最早是在资产阶级革命中提出的。早在启蒙运动时期，启蒙思想家就在“天赋人权”和“社会契约”理论中阐述了这一理念，例如洛克提出“人类天生都是自由、平等和独立的”，卢梭提出“每个人都生而自由平等”，这为资产阶级革命奠定了思想基础。在反对封建等级和特权，与不受法律约束、凌驾于法律之上的权力进行斗争的过程中，资产阶级提出“法律面前人人平等”的口号，要求废除一切等级和身份特权。1789年法国《人权宣言》正式确认了这一原则，规定“在法律面前，所有的公民都是平等的”，即“在权利方面，人们生来是而且始终是自由平等的”。在资产阶级革命成功之后，“法律面前人人平等”被以宪法的形式确定下来，成为资产阶级法律制度的一项重要原则。但是如马克思指出的，资产阶级法律面前人人平等的原则只是形式上的平等，它掩盖了人们在实际生活中存在的事实上的不平等。

社会主义的本质是解放生产力，发展生产力，消灭剥削，消除两极分化，实现共同富裕。因此，在社会主义国家，随着生产力的发展和各项制

度的完善，剥削最终必然要被消灭，一切不平等和不公正的体制和制度必然要被消除，全体人民在经济、政治、文化等各个方面都将享有同等的权利，从而最终实现人的自由而全面的发展。社会主义从本质上体现了公正、平等的要求，平等是社会主义题中应有之义。社会主义法律的根本目的是营造公平的社会环境，保证全体人民依法管理国家事务和社会事务、管理经济和文化事业、平等参与社会主义现代化建设、平等享有各项权益，即平等是社会主义法律的基本属性。①

二、法律面前人人平等的基本内涵

在我国，法律面前人人平等的基本内涵是：任何组织和个人都必须尊重宪法法律权威，都必须在宪法法律范围内活动，都必须依照宪法法律行使权力或权利、履行职责或义务，都不得有超越宪法法律的特权。具体言之：

（1）立法应当体现人民的意志，发扬社会主义民主，保障人民通过多种途径参与立法活动。

（2）法律对于全体公民，不分民族、种族、性别、职业、社会出身、宗教信仰、财产状况等，都统一适用，所有公民依法享有同等的权利并承担同等的义务。

（3）任何权利受到侵犯的公民一律平等地受到法律保护，不能歧视任何公民，在诉讼中保证诉讼当事人享有平等的诉讼权利，不能偏袒任何一方当事人，保障诉讼参加人依法享有的诉讼权利。

（4）对任何公民的违法犯罪行为，都必须同样地追究法律责任，依法给予相应的法律制裁，不允许有不受法律约束或凌驾于法律之上的特殊公民，任何超出法律之外的特权都是违法的。

（5）维护国家法制统一、尊严、权威，切实保证宪法法律有效实施，不允许任何人以任何借口任何形式以言代法、以权压法、徇私枉法。

三、在“推进全面依法治国”中提出该项基本原则的特殊意义

在现实社会生活中，很多不平等现象和事例的发生，是因为公权力超

① 潘盛洲：《全面推进依法治国必须坚持法律面前人人平等》，《人民日报》2014 年 11 月 21 日，第 7 版。

越了宪法和法律的界限，导致公民在法律上的平等权利受到侵犯。具体表现在法治建设中存在的突出问题，如“有法不依、执法不严、违法不究”“执法体制权责脱节、多头执法、选择性执法现象”突出，“执法司法不规范、不严格、不透明、不文明”“一些国家工作人员特别是领导干部依法办事观念不强、能力不足，知法犯法、以言代法、以权压法、徇私枉法”等。这是“全面推进依法治国的总目标及其基本原则”提出的社会背景。正是为了有针对性地解决这些问题，《决定》指出，该原则在“推进全面依法治国”中的特殊意义，即“必须以规范和约束公权力为重点，加大监督力度，做到有权必有责、用权受监督、违法必追究，坚决纠正有法不依、执法不严、违法不究行为”，这又具体表现为“健全宪法监督制度”“坚持严格规范执法”“坚持严格司法”“提高党员干部依法办事能力”等具体改革举措。

考点7 坚持依法治国和以德治国相结合

命题分析

“坚持依法治国和以德治国相结合”是推进全面依法治国的基本原则之一，而且也是一个体现“中国特色”社会主义法治理论的重点考点，故颇受命题人青睐。该考点在2017年论述题中涉及，即在执法司法中考虑“天理国法人情”，即是阐述依法治国和以德治国的关系。该考点在今后的命题中，仍存在较大概率以主观题的形式进行命题。考生应当全面理解该考点的内容。

考点解析

坚持依法治国和以德治国相结合是推进全面依法治国的基本原则之一。在理解这一原则时，注意把握以下几点：

一、以德治国的含义

坚持以德治国，就是大力弘扬社会主义核心价值观，弘扬中华传统美德，培育社会公德、职业道德、家庭美德、个人品德。十九大报告强调，

“社会主义核心价值观是当代中国精神的集中体现，凝结着全体人民共同的价值追求”，应当“把社会主义核心价值观融入社会发展各方面，转化为人们的情感认同和行为习惯”，提出“深入实施公民道德建设工程，推进社会公德、职业道德、家庭美德、个人品德建设”。

二、国家和社会治理需要法律和道德共同发挥作用

“小智治事，中智用人，大智立法。”法治是治国理政不可或缺的重要手段，依法治国已成为党领导人民治理国家的基本方略。法律通过确定权利和义务，通过建立法律关系来调节人们之间的关系，并依靠国家强制力保证实施。在社会治理上，不能仅仅依靠法律。法律的有效实施有赖于道德的支持，道德主要通过在人们中间建立以义务为纽带的道德关系来调整人们之间的关系。道德的重心在于义务或责任，它凭靠内在良知认同，以主体内省和自决的方式生成和实现。“德治”的作用，在于用道德的力量唤起人们的良知、正义感、荣誉感，培养和增强公民的道德观念，使其自觉遵守法律，维护法律的权威性。

但是，道德不像法律那样，以有组织的国家强制机关、暴力机关为后盾和程序设置作为外在强制，道德的压力和谴责只能在主体对谴责所依据的道德准则认同的前提下发挥作用，所以道德的自觉践行离不开法律的强力约束。

在历史上，从孔子提出“宽猛相济”，到孟子提出“徒善不足以为政，徒法不能以自行”；从荀子提出“隆礼重法”，到汉代董仲舒强调“阳为德，阴为刑”；从唐代提出“制礼以崇敬，立刑以明威”，到宋元明清时期一直延续德法合治，都体现了德治与法治相结合的治国之道。① 因此，必须坚持一手抓法治、一手抓德治，在法律难以规范的领域，道德可以发挥作用，而道德无力约束的行为，法律则可以给予惩戒。

三、依法治国和以德治国如何相互结合

《决定》指出，“既重视发挥法律的规范作用，又重视发挥道德的教化

① 雒树刚：《坚持依法治国和以德治国相结合》，《人民日报》2014 年 11 月 24 日，第 7 版。

作用，以法治体现道德理念、强化法律对道德建设的促进作用，以道德滋养法治精神、强化道德对法治文化的支撑作用，实现法律和道德相辅相成、法治和德治相得益彰”。以表格形式体现为：

治国方式	作用特点	相互结合时侧重的作用	具体含义
法律	规范作用	促进作用	以法治体现道德理念，通过法律促进道德建设
道德	教化作用	支撑作用	以道德滋养法治精神，通过道德支撑法治文化

考点8　坚持从中国实际出发

命题分析

“坚持从中国实际出发”是推进全面依法治国的基本原则之一，而且也是凸显中国特色社会主义法治理论和法治道路的重点考点。2017 年的论述题从材料选择和提问都显示出，是以这个考点作为重点考查视角，所以大家可以结合 2017 年的真题进行体会。2019 年的论述题考查到“新时代法治政府建设的根本遵循”，而“根本遵循”正是在阐述坚持从中国实际出发的基本原则时提出的，即中国特色社会主义道路、理论体系、制度是全面推进依法治国的根本遵循。对于该考点，考生需要理解坚持从实际出发的实践意义、具体方式，并注意把握对传统法律文化和域外的法治经验的恰当态度。

考点解析

坚持从中国实际出发是推进全面依法治国的基本原则之一。在理解这一原则时，注意把握以下几点：

一、中国特色社会主义道路、理论体系、制度是全面推进依法治国的根本遵循

这是立足我国国情，总结近代以来法治发展的曲折历程和世界各国法

治道路所作出的唯一正确选择。近代以来，在中国法治道路的探索中，“君主立宪法治”“议会民主法治”“五权宪法法治”都失败了，只有1949年中华人民共和国的成立和嗣后社会主义制度的建立，才为在新中国实行社会主义法治奠定了根本的政治和经济基础。

世界各国法治发展模式和道路具有复杂性和多样性，脱离具体国情，盲目照抄照搬西方国家的民主法治模式，很可能像埃及、乌克兰、菲律宾等国家那样，陷入政治混乱、经济停滞、民生凋敝、社会动荡。一国的法治道路总是由一国的政治经济制度和历史文化传统等因素决定的。没有最好的法治道路，只有最适合本国国情的法治道路。在中国这样一个幅员辽阔、人口众多、历史悠久、国情复杂的多民族大国，推进依法治国必须坚持中国特色社会主义道路、理论体系和制度。①

坚持中国特色社会主义道路、理论体系和制度，具体来说应当坚持在党的领导下，贯彻习近平新时代中国特色社会主义法治理论，建设社会主义法治国家。第一，中国特色社会主义法治道路强调党的领导和社会主义法治的一致性。中国共产党的领导是中国特色社会主义最本质的特征，是社会主义法治最根本的保证。坚持党的领导，是社会主义法治的根本要求，是全面推进依法治国的题中应有之义。只有在党的领导下建设法治国家，才能保障人民主体地位和各项权利。第二，习近平新时代中国特色社会主义法治思想是马克思主义法律思想中国化的最新成果，是中国特色社会主义理论体系的重要组成部分，是建设社会主义现代化法治强国的指导思想和行动指南。第三，在贯彻中国特色社会主义制度上，要落实十九大报告中强调的深化依法治国实践的各项任务，坚持厉行法治，推进科学立法、严格执法、公正司法、全民守法。

二、在推进依法治国中，如何坚持从实际出发

《决定》指出，“必须从我国基本国情出发，同改革开放不断深化相适应，总结和运用党领导人民实行法治的成功经验，围绕社会主义法治建设重大理论和实践问题，推进法治理论创新，发展符合中国实际、具有中国

① 袁曙宏：《全面推进依法治国 加快建设社会主义法治国家的纲领性文献》，《时事报告》2014年第11期。

特色、体现社会发展规律的社会主义法治理论，为依法治国提供理论指导和学理支撑”。

因此，全面依法治国的制度基础是现行的有中国特色的社会主义法律体系（而不是中华法系），实践基础是党领导人民实行法治的治理经验（而不是传统社会中的治理经验）。

三、坚持从实际出发的两个重要方面

坚持从实际出发，必须正确面对传统法律文化和域外的法治经验。

（一）汲取中华法律文化精华

中华法律文化是中华民族数千年法律实践活动的经验和智慧总结，体现了人类法律实践的科学性和规律性。例如法治和德治相结合的传统，注重发挥道德的教化作用；又如在司法审判中，注重兼顾“天理、国法、人情”，在立法时要“上稽天理、下揆人情”，在法的实施中要“准情酌理”，处断平允。①

（二）借鉴国外法治有益经验，但决不照搬外国法治理念和模式

这意味着，可以在比较法的视角下，借鉴国外法治经验。例如赋予地方人大制定地方性法规的权力，设立行政诉讼制度、国家赔偿制度、听证制，适用罪刑法定原则、无罪推定原则，规定单位犯罪、民法上的无过程责任，对商标法、专利法保护范围进行规定，制定消费者权益保护法等，都体现了对国外法治有益经验的借鉴。② 现在，在反腐败、社会治理、安全生产、环境污染防治、税收体制等多方面，也可以进行制度比较和借鉴。但是，不能“照搬”外国法治理念和模式，必须和中国的国情和制度相适应。

在这一部分需要注意的是，“借鉴”不等于“照搬”，借鉴意味着可以对外国的法律进行法律移植，在鉴别、认同、调适、整合的基础上，引进、吸收、采纳、摄取、同化外国法律（包括法律概念、技术、规范、制度等）使之成为本国法律体系的有机组成部分，为本国所用。但是法律文化

---

① 更多总结参见武树臣：《中华法律文化精神中的六个重要传统》，《人民论坛学术前沿》2014 年 11 月（上）。

② 沈宗灵：《当代中国借鉴外国法律的实例》，《中国法学》1997 年第 5 期、第 6 期。

具有独特性，反映的是不同民族、不同地域和共同体的人们对法律及其价值的态度，是不能移植的。

考点9　党的十九大提出的深化依法治国实践的主要任务

命题分析

“党的十九大提出的深化依法治国实践的主要任务”是一个新增考点，也是主观题的重点考点。因为在党的十九大报告中，从法治工作的各个方面提出了深化依法治国实践的主要任务，所以这个考点既可以命制宏观论述题，也可以就某一个具体领域（例如司法方面）命制较为具体的分析论述题。考生可以结合下面考点解析中的表格全面掌握和理解这一部分的内容。具体的命题形式，大家可以参考模拟试题第五题。这道题是从宏观角度提问的，也可以把它具体化，例如：谈谈推动宪法与时俱进、维护宪法权威在深化依法治国实践中，对建设法治政府的意义。

考点解析

依据党的十九大报告重要论述，2018年大纲在第一章增加了“第四节　新时代深化依法治国实践的主要任务”，该节下的考点是“党的十九大提出的深化依法治国实践的主要任务”。

这部分主要有四方面的内容需要掌握：

第一，理解全面推进依法治国的总目标，和十八届四中全会明确的建设中国特色社会主义法治体系的具体任务。

第二，在此基础上，理解“党的十九大提出的深化依法治国实践的主要任务”，其内容来自十九大报告中“六、健全人民当家作主制度体系，发展社会主义民主政治”之中的“（四）深化依法治国实践”。

第三，理解和掌握2018年《宪法修正案》的内容及其意义。

第四，理解宪法的地位、效力以及如何在全社会进行宪法学习和宣传。

下面以表格的形式，对这部分内容及其关系进行概括：

全面推进依法治国的总目标	建设中国特色社会主义法治体系、建设社会主义法治国家
建设中国特色社会主义法治体系的具体任务	形成完备的法律规范体系、高效的法治实施体系、严密的法治监督体系、有力的法治保障体系、形成完善的党内法规体系
深化依法治国实践的主要任务	总要求：坚持厉行法治，推进科学立法、严格执法、公正司法、全民守法
	组织保障：成立中央全面依法治国领导小组，加强对法治中国建设的统一领导
	加强宪法实施：加强宪法实施和监督，推进合宪性审查工作，维护宪法权威
深化依法治国实践的主要任务	立法方面：推进科学立法、民主立法、依法立法，以良法促进发展、保障善治
	行政方面：建设法治政府，推进依法行政，严格规范公正文明执法
	司法方面：深化司法体制综合配套改革，全面落实司法责任制，努力让人民群众在每一个司法案件中感受到公平正义
	守法方面：加大全民普法力度，建设社会主义法治文化，树立宪法法律至上、法律面前人人平等的法治理念
	党的领导方面：各级党组织和全体党员要带头尊法学法守法用法，任何组织和个人都不得有超越宪法法律的特权，绝不允许以言代法、以权压法、逐利违法、徇私枉法
宪法修改及其意义	宪法修改的内容： （1）把党的十九大确定的重大理论观点和重大方针政策，特别是习近平新时代中国特色社会主义思想载入国家根本法； （2）确立科学发展观、习近平新时代中国特色社会主义思想在国家政治和社会生活中的指导地位； （3）调整充实中国特色社会主义事业总体布局和第二个百年奋斗目标的内容； （4）完善依法治国和宪法实施举措； （5）充实完善我国革命和建设发展历程的内容，充实完善爱国统一战线和民族关系的内容，充实和平外交政策方面的内容； （6）充实坚持和加强中国共产党全面领导的内容； （7）增加倡导社会主义核心价值观的内容； （8）修改国家主席任职方面的规定； （9）增加设区的市制定地方性法规的内容； （10）增加有关监察委员会的各项规定

续表

宪法修改及其意义	宪法修改的意义： (1) 体现了党和国家事业发展的新成就新经验新要求，在总体保持我国宪法连续性、稳定性、权威性的基础上推动了宪法与时俱进、完善发展； (2) 为新时代坚持和发展中国特色社会主义、实现“两个一百年”奋斗目标和中华民族伟大复兴的中国梦提供了有力的宪法保障
	宪法的地位：宪法是国家根本法，是制定国家各种制度和法律法规的总依据。 宪法的效力：宪法具有最高的法律地位、法律权威、法律效力
	实施宪法的重要基础：加强宪法学习宣传教育，使宪法的权威源自人民的内心拥护和真诚信仰。 宪法学习和宣传的总要求： (1) 在全社会广泛开展尊崇宪法、学习宪法、遵守宪法、维护宪法、运用宪法的宣传教育； (2) 弘扬宪法精神，弘扬社会主义法治意识，增强广大干部群众的宪法意识，使全体人民成为宪法的忠实崇尚者、自觉遵守者、坚定捍卫者

考点10 形成完备的法律规范体系的意义和基本要求

命题分析

“形成完备的法律规范体系的意义和基本要求”在法治工作基本格局的“立法”方面，是一个提纲挈领的考点。如果在论述题中考到立法问题，可以在形成完备的法律规范体系的意义和基本要求下，展开论述。在“意义”部分，考生可以从“法治在形式要素和实体要素上的要求”，理解“良法是善治之前提”。在“基本要求”部分，考生可以参考下面结合《决定》原文和十九大报告内容进行的总结。

考点解析

形成完备的法律规范体系是从法的制定的角度，对法治工作基本格局作出的部署，具体而言就是完善以宪法为核心的中国特色社会主义法律体系，加强宪法实施。

一、形成完备的法律规范体系的意义

法律是治国之重器，良法是善治之前提。法的制定是法的执行和实施的起始点和出发点，也是法的效力的来源。完备的法律规范体系应当符合法治在形式要素和实体要素上的要求，具体来说：

（1）在形式要素上，法律必须公开、清晰，可行；必须具有一般性和普遍性；法律规则之间必须协调一致；法律以不溯及既往为原则；保持相对稳定；法律必须保障司法权独立行使原则，并使其易于接近，还要公开审理，不得以偏见司法，等等。

（2）在实体要素上，法律必须体现人民主权原则，是人民根本利益和共同意志的反映，以维护和促进全体人民的共同利益为目标；法律必须实现权利保障，必须承认、尊重和保护人权和公民权利；法律必须进行权力控制，给权力划分界限，为权力制定规则，以权力监督权力；法律也应当关注实质的合法性，以正义原则、道德权利和正义感为基础，来避免和废除不正义的法律。

总之，完备的法律规范体系能够真正反映社会发展规律，解放和发展生产力，切实调整社会关系；能够充分反映人民意愿，调动人的积极性和创造性、激发社会活力和创造力；能够规范权力运行，防止权力滥用；能够维护公平正义。

二、形成完备的法律规范体系的基本要求

形成完备的法律规范体系的基本要求，以表格显示：

基本要求	《决定》原文
提高立法质量	建设中国特色社会主义法治体系，必须坚持立法先行，发挥立法的引领和推动作用，抓住提高立法质量这个关键
坚持立法为民	要恪守以民为本、立法为民理念，贯彻社会主义核心价值观，使每一项立法都符合宪法精神、反映人民意志、得到人民拥护
促进立法公正、公平、公开	要把公正、公平、公开原则贯穿立法全过程，完善立法体制机制，坚持立改废释并举，增强法律法规的及时性、系统性、针对性、有效性

续表

基本要求	《十九大报告》原文
坚持民主立法、扩大政治参与	（1）推进社会主义民主政治制度化、规范化、法治化、程序化，保证人民依法通过各种途径和形式管理国家事务； （2）扩大人民有序政治参与，保证人民依法实行民主选举、民主协商、民主决策、民主管理、民主监督； （3）加强人权法治保障，保证人民依法享有广泛权利和自由； （4）巩固基层政权，完善基层民主制度，保障人民知情权、参与权、表达权、监督权； （5）健全依法决策机制，构建决策科学、执行坚决、监督有力的权力运行机制
推进科学立法、民主立法、依法立法	推进科学立法、民主立法、依法立法，以良法促进发展、保障善治

考点11　健全宪法实施和监督制度

命题分析

在立法工作部分，“健全宪法实施和监督制度”“完善立法体制”“深入推进科学立法、民主立法、依法立法”“加强重点领域立法”“实现立法和改革决策相衔接”这五个考点，都是“形成完备的法律规范体系”下的具体举措。考生需要首先在总体上对这一架构进行把握，如果宏观地考查立法问题这就是答题展开的具体角度。除此之外，立法部分也可能就某一个具体方面命制主观题，或者问题涉及某个具体方面，例如接下来下文要讲解的这四个知识点（考点 11 ~ 考点 14）。

“健全宪法实施和监督制度”在 2016 年论述题中考查过，是一个主观题的命题重点。由于 2018 年的修宪和十九大报告中对合宪性审查的强调，这个考点在接下来几年中仍然可能会成为命题热点。考查重点是依宪治国和依宪执政的总体要求，不仅公民权利受到宪法法律的保护，而且公权力必须在宪法法律规定的范围内行使，在行使过程中不能侵犯宪法对公民权利的保障。这部分在命题时，也可以结合深化依法治国实践的主要任务，或者任务的某个具体方面，如立法、执法、司法等进行考查。大家可以结合模拟试题第五题进行体会。

考点解析

健全宪法实施意味着在依法治国中，首先坚持依宪治国和依宪执政。这是和宪法的性质和地位联系在一起的。宪法是国家的根本法，规定了国家的根本任务和根本制度、国家政权的组织及其职权以及公民的基本权利义务等内容。宪法是党和人民意志的集中体现，是通过科学民主程序形成的。

因此，全国各族人民、一切国家机关和武装力量、各政党和各社会团体、各企业事业组织，都必须以宪法为根本的活动准则，并且负有维护宪法尊严、保证宪法实施的职责。一切违反宪法的行为都必须予以追究和纠正。

健全宪法监督制度意味着完善全国人大及其常委会对宪法的监督，健全宪法解释程序机制。加强备案审查制度和能力建设，《决定》指出，把所有规范性文件纳入备案审查范围，依法撤销和纠正违宪违法的规范性文件，禁止地方制发带有立法性质的文件。在十九大报告中，也强调了“加强宪法实施和监督，推进合宪性审查工作，维护宪法权威”。

“推进合宪性审查工作”是第一次出现在党的正式文件中。合宪性审查制度的确立和实施，将为全面依法治国向纵深发展提供强大推动力量。这一制度安排，对落实“依宪治国”“依宪执政”，发挥法治作为治国利器的作用，推动国家治理体系、治理能力现代化具有重大意义。大家在备考时可以适当关注相关理论观点，把握基本原则和实践取向。

下面用表格对这部分的内容进行总结：

	具体要求
健全宪法实施	（1）坚持依宪治国、依宪执政； （2）以宪法为根本的活动准则，维护宪法尊严、保证宪法实施； （3）违反宪法的行为必须予以追究和纠正； （4）设立国家宪法日（12 月 4 日），开展宪法教育； （5）建立宪法宣誓制度，凡经人大及其常委会选举或者决定任命的国家工作人员正式就职时公开向宪法宣誓
健全宪法监督制度	（1）全国人大及其常委会依法撤销和纠正违宪违法的规范性文件； （2）健全全国人大常委会宪法解释程序机制； （3）把所有规范性文件纳入备案审查范围； （4）禁止地方制发带有立法性质的文件

考点12　完善立法体制

命题分析

“完善立法体制”这个考点，一般来说不会作为一个独立的、主要的考点在主观题中出现，因为这一改革举措有很强的制度针对性，所以辐射的考查范围就比较窄。但是在对立法工作进行把握时，考生需要熟悉这部分的内容表述，结合立法体制中存在的问题，理解相关完善措施。

考点解析

立法体制是一个国家立法制度最重要的组成部分。立法体制是关于立法权限、立法权运行和立法权载体诸方面的体系和制度所构成的有机整体。其核心是有关立法权限的体系和制度。具体来说，立法权限的体系和制度涉及立法权的归属、性质、种类、范围、限制、立法权之间的关系、立法权和其他国家权力的关系等；立法权的运行体系和制度涉及立法权的运行原则、运行过程、运行方式等；立法权的载体体系和制度涉及立法主体的建制、组织原则、活动形式等。①

一、完善立法体制的具体举措

对完善立法体制，《决定》提出以下具体举措：

一、加强党对立法工作的领导，完善党对立法工作中重大问题决策的程序；

二、健全有立法权的人大主导立法工作的体制机制；

三、加强和改进政府立法制度建设；

四、明确立法权力边界，防止部门利益和地方保护主义法律化。

下面以表格形式对各项举措进行列举：

① 张文显：《法理学》（第四版），高等教育出版社、北京大学出版社2011年，第192页。

完善立法体制的方面	具体举措
加强党对立法工作的领导	（1）凡立法涉及重大体制和重大政策调整的，必须报党中央讨论决定； （2）党中央向全国人大提出宪法修改建议，依照宪法规定的程序进行宪法修改； （3）法律制定和修改的重大问题由全国人大常委会党组向党中央报告
健全有立法权的人大主导立法工作的体制机制	（1）发挥人大及其常委会在立法工作中的主导作用； （2）建立由全国人大相关专门委员会、全国人大常委会法制工作委员会组织有关部门参与起草综合性、全局性、基础性等重要法律草案制度； （3）增加有法治实践经验的专职常委比例； （4）依法建立健全专门委员会、工作委员会立法专家顾问制度； （5）加强法律解释工作，及时明确法律规定含义和适用法律依据
加强和改进政府立法制度建设	（1）完善行政法规、规章制定程序； （2）完善公众参与政府立法机制； （3）重要行政管理法律法规由政府法制机构组织起草
明确立法权力边界，防止部门利益和地方保护主义法律化	（1）对部门间争议较大的重要立法事项，由决策机关引入第三方评估，充分听取各方意见，协调决定，不能久拖不决； （2）明确地方立法权限和范围，依法赋予设区的市地方立法权

二、关于健全有立法权的人大主导立法工作的体制机制

十九大报告在“健全人民当家作主制度体系，发展社会主义民主政治”部分，强调“人民代表大会制度是坚持党的领导、人民当家作主、依法治国有机统一的根本政治制度安排”。因此，健全有立法权的人大主导立法工作的体制机制，在民主政治方面具有的意义是，保证人民通过人民代表大会行使国家权力。发挥人大及其常委会在立法工作中的主导作用，就是“健全人大组织制度和工作制度，支持和保证人大依法行使立法权、监督权、决定权、任免权，更好发挥人大代表作用，使各级人大及其常委会成为全面担负起宪法法律赋予的各项职责的工作机关，成为同人民群众保持密切联系的代表机关”。

考点13　深入推进科学立法、民主立法、依法立法

命题分析

“深入推进科学立法、民主立法、依法立法”在2017年的主观题中有所涉及，考查的是如何使立法凝聚社会共识，将天理、人情适当融入国法，提高法律实施的可接受性。由于十九大报告在对深化依法治国实践的立法工作，提出“推进科学立法、民主立法、依法立法，以良法促进发展、保障善治”，所以2018年大纲修改中，在“科学立法、民主立法”之外，增加了“依法立法”。该考点作为主观题具有一定的可考性，考生应注意全面认识科学立法、民主立法、依法立法的含义和要求，理解具体改革举措的针对性。

考点解析

科学立法就是实现立法的科学化和现代化，尊重立法规律，克服立法中的主观随意性和盲目性，避免和减少失误，降低立法成本，提高立法效益。《立法法》第6条规定，“立法应当从实际出发，科学合理地规定公民、法人和其他组织的权利与义务、国家机关的权力与责任”。坚持科学立法原则，除了要注意解决方法、策略和技术问题，还要从制度上着手，建立科学的立法权限划分体制、立法主体设置体制、立法运行体制。

民主立法是坚持人民主体地位的根本要求，它包括三方面的要求：第一，立法主体应当具有广泛性，在现代政治生活中，为了保障立法不偏离人民意愿，立法机关必须由民主选举产生，能够代表人民利益；第二，立法内容应当以维护人民利益为宗旨，确认和体现人民的意志，而不是少数人的意志；第三，立法程序应当具有民主性，使人民能够通过一定途径，有效参与立法。① 《立法法》第5条规定：“立法应当体现人民的意志，发扬社会主义民主，保障人民通过多种途径参与立法活动。”坚持民主立法原则，要从立法权行使上建立完备的制度，健全公众参与制度。

依法立法强调的是“严格依照法定权限和程序立法，明确立法权力边

---

① 张文显：《法理学》（第四版），高等教育出版社、北京大学出版社，2011年，第200～201页。

界，完善立法工作程序，注意克服立法部门化、地方化倾向”。它包括下面几方面的具体要求：第一，按照法定立法权限立法，其主要依据是《宪法》和《立法法》；第二，按照法定立法程序立法；第三，按照立法备案审查和监督制度，进行合宪性审查和合法性审查。

依法立法的现实针对性，一是指向越权立法、违反立法程序立法的问题；二是推动相关法律法规的立改废等工作常态化。

下面以表格形式对具体举措进行列举：

	具体举措
科学立法	加强人大对立法工作的组织协调，健全立法起草、论证、协调、审议机制
	健全向下级人大征询立法意见机制
	建立基层立法联系点制度，推进立法精细化
	健全法律法规规章起草征求人大代表意见制度
	增加人大代表列席人大常委会会议人数，更多发挥人大代表参与起草和修改法律作用
	完善立法项目征集和论证制度
	健全立法机关主导、社会各方有序参与立法的途径和方式
	探索委托第三方起草法律法规草案
	完善法律草案表决程序，对重要条款可以单独表决
民主立法	健全立法机关和社会公众沟通机制，开展立法协商，充分发挥政协委员、民主党派、工商联、无党派人士、人民团体、社会组织在立法协商中的作用
	探索建立有关国家机关、社会团体、专家学者等对立法中涉及的重大利益调整论证咨询机制
	拓宽公民有序参与立法途径，健全法律法规规章草案公开征求意见和公众意见采纳情况反馈机制
依法立法	依照法定权限和程序立法，明确立法权力边界，完善立法工作程序，注意克服立法部门化、地方化倾向

考点 14　实现立法和改革决策相衔接

命题分析

“实现立法和改革决策相衔接”在主观题中并不会单独命题，但是如果对立法问题进行考查，它可以作为一个分析和论证的角度。这个考点也可以和“深入推进科学立法、民主立法、依法立法”结合进行考查。考生应当正确理解立法和改革决策二者之间的关系，能够分析和区分两种错误认识。

考点解析

实现立法和改革决策相衔接，就是要处理好改革和法治的关系，这是全面深化改革和全面依法治国的前提，对于全面建成小康社会具有重要意义。

正确理解二者的关系，要注意识别两种错误认识：一种观点认为，改革就是突破法律的禁区，现行法律的规定会妨碍改革。在实践中，这会导致一些地方和部门无视法律权威，以领导意志代替法律规定，以政策代替法律，进而使改革措施缺乏规范性，破坏改革措施的公信力与执行力。另一种观点认为，法律就是要保持稳定性、权威性、适当的滞后性，法律很难引领改革。在实践中，这会导致一些领导干部人为地将法治与改革对立起来，甚至以落后的法律规定维护地方与部门利益，懒政怠政，以法律为名阻碍体制改革和创新。①

立法和改革决策之间的关系，可以总结为：

一、改革决策可以通过先行先试提高立法效率和科学性

法律不能朝令夕改。我国是一个幅员辽阔、人口众多、各地发展不均衡、国情复杂的大国。在实践条件不成熟的情况下，贸然制定法律可能导致制定出来的法律不能适应现实情况，不利于维护法治权威。但是仅仅从法律的稳定性的角度出发，又不利于推进改革，完善国家治理。因此这种情况下，可以先立法授权进行试点，这样既不违反法律规定，又能根据实际情况判断改革决策恰当与否，寻求利益冲突的有效化解。

例1：2013年8月30日，全国人大常委会决定，授权国务院在上海外高桥保税区、上海外高桥保税物流园区、洋山保税港区和上海浦东机场综合保税区基础上设立的中国（上海）自由贸易试验区内，对国家规定实施准入特别管理措施之外的外商投资，暂时调整《外资企业法》《中外合资

① 周汉华：《改革要于法有据》，《时事报告》2015年第4期。

经营企业法》和《中外合作经营企业法》规定的有关行政审批。上述行政审批的调整在三年内试行，对实践证明可行的，应当修改完善有关法律；对实践证明不宜调整的，恢复施行有关法律规定。作为转变政府管理方式，打造中国经济升级版的桥头堡，上海自贸区综合试验措施这是通过先行先试，提高行政审批制度改革的立法效率和科学性。①

二、立法可以对改革决策进行规范和保障，使重大改革于法有据，使改革成果得以确认

改革就是“改变同生产力发展不相适应的生产关系和上层建筑，改变一切不适应的管理方式、活动方式和思想方式”，它的特点是“变”。法律具有规范性、相对稳定性等特点，立法的功能是“定”，它能把行之有效的改革决策上升为法律，用法律引领、推动新的社会关系生成。实现立法和改革决策相衔接就是把经验的、确认式的、规范性的立法和能动性的、前瞻性的、引领性改革决策有机结合起来，用制度构建引领、支撑、促进改革，发挥立法对改革的推动作用。

例 2：党的十八届三中全会《决定》推出的一系列改革举措，经全国人大常委会法工委研究梳理，改革领域涉及现行法律 139 件，需要制定、修改和废止的立法项目 76 件。②

三、《决定》中的具体表述

	具体表述	不同情况
立法对改革决策的规范和保障	做到重大改革于法有据、立法主动适应改革和经济社会发展需要	实践证明行之有效的，要及时上升为法律
		实践条件还不成熟、需要先行先试的，要按照法定程序作出授权
改革决策对立法的要求	对不适应改革要求的法律法规，要及时修改和废止	

最后，需要注意的是，立法和改革决策相衔接，不意味着立法只是简

① 周汉华：《改革要于法有据》，《时事报告》2015 年第 4 期。

② 任进：《正确认识和处理改革与立法、修宪的关系》，《中国宪法年刊》2014 年（第十卷），第 125～129 页。

单地、被动地“符合”改革的要求，通过法律的制定、修改，可以使改革决策更完善、更规范，从而引领、推动和保障改革。

考点 15　建设法治政府的意义和基本要求

命题分析

“建设法治政府的意义和基本要求”在法治工作基本格局的“建设法治政府”方面，是一个提纲挈领的考点。如果在论述题中考到依法行政问题，可以在建设法治政府的意义和基本要求下，展开论述。2019 年的论述题正是在依法治国、依法执政、依法行政共同推进的体系结构中，考查法治政府建设在全面依法治国中的重要意义。

在“意义”部分，考生可以从行政行为的特点和内容的广泛性上、从行政权力的特点等方面理解“法律的权威在于实施”。在“基本要求”部分，考生一方面要能够准确理解和记忆十九大报告中简明扼要的概括，另一方面要准确记忆《决定》中的 24 字基本要求，理解每项要求的具体含义，并能和具体改革举措对应起来。

考点解析

党的十八大提出，到 2020 年基本建成法治政府。这意味着全面建成小康社会，不只是物质上富足的小康，还必须是保证公平正义的小康。因此，法治工作的基本格局之一是，深入推进依法行政，加快建设法治政府。具体来说：

一、建设法治政府的意义

首先，法治政府是建设法治国家的主体。行政机关是代表国家行使国家权力，它是国家权力机关的执行机关，是以国家的名义对社会进行全面的公共管理，涉及政治、经济、外交、国防、财政、文化、教育、卫生、科技、工农商业、交通、建设、治安、社会福利、公用事业等十分广泛的领域。行政权不仅能够改变社会的资源分配，控制城市的人口规模，影响公用事业的侧重领域，左右不同产业的发展方向，也能够影响每一个公民的生活和切身利益，例如升学、就业、结婚、迁徙、安居等。所以，行政机关作为公共管理机关，是国家机关中对经济和社会发展影响最大、与公民关系最密切、也是权力最广、机构最多、人数最多的一个部门。行政机关能否依法办事，涉及人民群众的切身利益，从总体上决定我国能否实现依法治国。

其次，从实践来看，依法治国的重点和难点也在于行政机关。行政权和其他权力一样，具有强制他人服从的特性，对权力享有者具有腐蚀性，有被滥用的可能；而行政权力行使的特点之一是首长负责制，是命令和服从，同时，行政事务的繁杂性和紧迫性，要求行政机关必须强调办事速度，强调行政效率，因而给予行政机关在行使职权时以较大的自由裁量权。在行政方式上的这些特殊性，使人们倾向于按个人意志行事，忽视依照法律规定行使权力。所以，需要通过法律上的职权、标准、程序、监督等方面的设置，保障依法行政，保证行政权的行使始终服务于公共利益，只有依法行政才能保证社会的稳定发展。

《决定》指出，“法律的生命力在于实施，法律的权威也在于实施。各级政府必须坚持在党的领导下、在法治轨道上开展工作”。

二、建设法治政府的基本要求

党的十九大要求，建设法治政府，推进依法行政，严格规范公正文明执法。各级政府必须坚持在党的领导下、在法治轨道上开展工作，创新执法体制，完善执法程序，推进综合执法，严格执法责任，建立权责统一、权威高效的依法行政体制。《决定》中把建设法治政府的基本要求概括为 24 个字，即“职能科学、权责法定、执法严明、公开公正、廉洁高效、守法诚信”。

下面通过表格和举例进行说明：

法治政府的基本要求	含义	具体举措举例
职能科学	科学配置政府机构职责，实现结构优化，避免部门之间职能交叉重叠、权责失配、政出多门等	（1）推进各级政府事权规范化、法律化； （2）按照减少层次、整合队伍、提高效率的原则，合理配置执法力量
权责法定	（1）行政权力的存在、运用必须依据法律、符合法律程序，不能与法律相抵触； （2）有权必有责，行政权力在行使中如果侵犯其他合法权益，必须依法承担相应责任	推进机构、职能、权限、程序、责任法定化

续表

法治政府的基本要求	含义	具体举措举例
执法严明	创新执法体制，完善执法程序，推进综合执法，严格执法责任，建立权责统一、权威高效的依法行政体制	（1）严格实行行政执法人员持证上岗和资格管理制度； （2）严格执行罚缴分离和收支两条线管理制度，严禁收费罚没收入同部门利益直接或者变相挂钩； （3）健全行政执法和刑事司法衔接机制，克服有案不移、有案难移、以罚代刑现象
公开公正	（1）推进决策公开、执行公开、管理公开、服务公开、结果公开； （2）行政行为适当合理，即符合法律的基本精神和目的，符合公平正义的法律理性	（1）推行权力清单制度，公开政府职能、法律依据、实施主体、职责权限、管理流程、监督方式等事项； （2）建立健全行政裁量权基准制度，细化、量化行政裁量标准，规范裁量范围、种类、幅度
廉洁高效	（1）行政权力在行使中，不徇私情，不谋私利，秉公办事，不以权谋私，贪污腐败； （2）政府机构精干、政府行为有效率，对行政相对人的请求及时回应，对违法行为及时查出和制裁，使公民、法人和其他组织的合法权益得到切实保护	（1）对财政资金分配使用、国有资产监管、政府投资、政府采购、公共资源转让、公共工程建设等权力集中的部门和岗位实行分事行权、分岗设权、分级授权，定期轮岗，强化内部流程控制，防止权力滥用； （2）完善纠错问责机制，健全责令公开道歉、停职检查、引咎辞职、责令辞职、罢免等问责方式和程序
守法诚信	行政机关要崇法守法，忠诚人民，取信于民，造福人民	（1）行政机关要坚持法定职责必须为、法无授权不可为，勇于负责、敢于担当； （2）推进政务公开信息化，加强互联网政务信息数据服务平台和便民服务平台建设

考点 16　依法全面履行政府职能

命题分析

在行政工作部分，“依法全面履行政府职能”“健全依法决策机制”“深化行政执法体制改革”“坚持严格规范公正文明执法”“强化对行政权力的制约和监督”“全面推进政务公开”这六个考点，都是“深入推进依法行政，加快建设法治政府”下的具体举措。考生需要首先在总体上对这一架构进行把握，如果宏观地考查法治政府建设问题，这些方面提供了一些具体的角度和相应措施建议。

通常来说，行政工作部分一般不会就单独某个具体方面命制主观题，但是可能命制较为宏观的论述题。例如，执法中的问题会和司法中的问题一并进行考查，具体可以参考2017年的真题；或者将法治政府建设的问题置于“依法治国、依法执政、依法行政共同推进”中进行考查，具体可以参考2019年的真题。

接下来下文将结合历年命题情况，重点讲解三个考点（考点16～考点18）。

“依法全面履行政府职能”这一部分的表述，主要是第一段，大家要尽可能地记忆背诵。在理解中的重点是推进机构、职能、权限、程序、责任法定化的要求，以及“法定职责必须为、法无授权不可为”的具体含义和对应问题。考生可以结合下面的总结有层次地理解记忆。

考点解析

十八届三中全会《决定》中，明确政府职能主要是宏观调控、公共服务、市场监管、社会管理、环境保护五个方面。四中全会《决定》更进一步厘清了政府与市场、企业、社会、公民权利的边界。这要求政府依法行政，即依法全面履行政府职能。具体可以从两方面进行理解：

一、推进机构、职能、权限、程序、责任法定化

从行为的表现形式上，可以把政府的行为区分为积极行为与消极行为。积极行为指以积极、主动作用于客体的形式表现的行为，即“作为”；消极行为指以消极的、抑制的形式表现的行为，即“不作为”。二者不能反向选择，即当法律要求政府积极行为时，它就不能作出消极行为，反之亦然。

依法全面履行政府职能，需要“完善行政组织和行政程序法律制度，推进机构、职能、权限、程序、责任法定化。行政机关要坚持法定职责必须为、法无授权不可为”。具体来说：

行政行为类型	全面履行职能的要求	具体举措	保障举措
积极行为	法定职责必须为	坚决纠正不作为，坚决克服懒政、怠政，坚决惩处失职、渎职	推行政府权力清单制度，坚决消除权力设租寻租空间
消极行为	法无授权不可为	（1）坚决纠正乱作为，惩处失职、渎职； （2）行政机关不得法外设定权力，没有法律法规依据不得作出减损公民、法人和其他组织合法权益或者增加其义务的决定	

二、推进各级政府事权规范化、法律化

“重新配置中央与地方事权”，是一个新的改革提法，在于解决中央和地方职责同构严重，责任不明，效率低下的问题。在实践中，行政机关之所以乱作为、任意扩权，一个原因在于权力界限不明。这种情况也存在于中央和地方的关系上，主要表现为中央和地方社会事务管理职责边界模糊、职能错位。因此《决定》指出，“推进各级政府事权规范化、法律化，完善不同层级政府特别是中央和地方政府事权法律制度”。具体来说：

政府层级	事权职责
中央政府	宏观管理、制度设定、必要的执法权
省级政府	统筹推进区域内基本公共服务均等化
市县政府	具体执行

考点17　健全依法决策机制

命题分析

“健全依法决策机制”这一部分的表述，记忆的重点是第一段，以及“建立重大决策终身责任追究制度及责任倒查机制”这一保障机制。在理

解上需要把握的重点是重大行政决策法定程序的内容及其含义、行政机关内部重大决策合法性审查机制的含义、政府法律顾问的制度目标。

考点解析

决策是行政权力运行的起点。因此规范决策行为是规范行政权力的重点，也是法治政府建设的应有之义。行政机关能否做到依法决策，直接关系到其依法行政的水平，关系到其政府职能的全面正确履行。《决定》在健全依法决策机制上提出了一系列重要举措：

重要举措	具体含义	制度目标
确立重大行政决策法定程序	包括公众参与、专家论证、风险评估、合法性审查、集体讨论决定	确保决策制度科学、程序正当、过程公开、责任明确
建立行政机关内部重大决策合法性审查机制	未经合法性审查或经审查不合法的，不得提交讨论	
推行政府法律顾问制度	建立政府法制机构人员为主体、吸收专家和律师参加的法律顾问队伍	保证法律顾问在制定重大行政决策、推进依法行政中发挥积极作用
建立重大决策终身责任追究制度、责任倒查机制	对决策严重失误或者依法应该及时作出决策但久拖不决造成重大损失、恶劣影响的，严格追究行政首长、负有责任的其他领导人员和相关责任人员的法律责任	确保决策科学合理、合法及时

需要的注意的是，行政机关内部重大决策合法性审查，不能代替重大行政决策的其他法定程序，例如公众参与、专家论证、风险评估、集体讨论决定。

思考：确立重大行政决策法定程序的现实意义是什么？

提示：现在，一些重大行政决策出台以后，特别是一些地方 PX 等重化工、核电、垃圾焚烧等大型项目建设，会常常陷入“群众一抵制，项目即下马”的困境。究其原因，在于没有为重大行政决策确立一个科学合理的法定程序。行政决策不能暗箱操作，也不能由领导主观独断做出，而是应当充分发挥公众参与、专家论证、风险评估、合法性审查、集体讨论决定等程序性价值。这既可以提高行政决策的可接受性，也可以防御决策权的滥用。

为了健全科学民主依法决策机制，规范重大行政决策行为，提高决策质量，2019 年 5 月 8 日国务院发布了《重大行政决策程序暂行条例》，对重大行政决策事项范围、重大行政决策的作出和调整程序、重大行政决策责任追究等方面作出具体规定。该《条例》是在党中央、国务院的领导下，由司法部经广泛深入调研，反复研究论证，多方面征求意见形成草案，报经国务院同意后，于 2019 年 2 月 25 日经全面依法治国委员会第二次会议审议通过。

具体言之，公众参与又称“利益相关者参与”，它是群众利益诉求表达的重要渠道，强调决策者和受决策影响的利益相关者之间的沟通和对话。政府部门与社会公众进行及时充分有效的沟通互动，能促进行政决策的合理性和可接受性。

专家具有某领域的专业知识和经验，专家论证具有客观公正性，相对于做决策的政府部门，能够清楚充分地将行政决策的利弊得失向人民群众讲解清楚，并具有说服力。专家论证也能避免产生不合理的甚至是错误的行政决策。

风险评估是对社会稳定、环境、经济等多方面的因素进行评估，对决策可能引发的风险进行科学预测、综合研判，有助于有针对性地提出风险防范措施和化解处置预案。

合法性审查，有助于事先审查决策事项是否于法有据，决策程序是否依法履行，决策内容是否依法合规。

集体讨论决定能避免行政负责人专断和主观决策，确保行政决策遵循客观规律，而非依个人感觉主观专断决策，违背科学决策的要求。

考点 18　坚持严格规范公正文明执法

命题分析

“坚持严格规范公正文明执法”是对执法工作的具体要求。2017 年论述题考查了“规范公正执法”这个考点。对于该考点，考生需要理解严格、规范、公正、文明四个执法原则的含义，并和具体举措之间有所对应。

考点解析

严格、规范、公正、文明是从原则的角度对行政执法提出的要求。严格规范公正文明执法关系法律、法规能否得到全面正确实施，关系到经济社会秩序能否得到有效维护，关系到人民群众合法权益能否得到切实保护，关系到依法行政能否真正落到实处。[①] 十九大报告中强调，“建设法治政府，推进依法行政，严格规范公正文明执法”。

一、严格执法

严格执法一般指的是，执法人员必须严格按照法律规定和程序执法，尽职尽责，只要违法就依法进行处罚，反对“态度执法”“人情执法”。从具体举措来看，在这一部分严格执法指的是加大执法力度，尤其是在关系人民群众切身利益的食品药品、安全生产、社会治安、劳动保障、医疗卫生、环境保护等方面。目前，在这些领域违法成本较低，使得违法行为屡禁不止。因此，加大执法力度有利于遏制违法行为多发高发态势，保障人民群众切身利益，提升人民群众安全感。

二、规范执法

规范执法是执法公平公正的重要保障，它指的是完善执法程序，明确具体流程。在执法中，尤其是一些敏感复杂案件，执法程序规范严密、公开透明，能最大限度赢得人民群众的理解和认可。因此，要规范执法流程，强化行政执法活动全过程跟踪和监督，确保执法工作有据可查。

三、公正执法

行政权力在行使时具有较大的自由裁量权。公正执法要求执法主体在执法活动中，特别是在行使自由裁量权时，做到适当、合理、公正。当前群众反映强烈的一个突出执法问题是滥用自由裁量权，同事不同罚，处罚畸重畸轻，显失公平公正。因此需要规范自由裁量权的行使，从制度机制上防止出现“选择性执法”“倾向性执法”。

---

① 袁曙宏：《全面推进依法治国 加快建设社会主义法治国家的纲领性文献》，《时事报告》2014 年第 11 期。

四、文明执法

文明执法要求准确把握社会心态和群众情绪，改进执法方式，理性文明执法，注重语言规范、行为规范，做到融法、理、情于一体，坚持以法为据、以理服人、以情感人，积极争取当事人的理解和支持，力求实现执法效果最大化。①

下面用表格的形式对具体举措进行列举：

<table>
<tr><th>执法的原则</th><th>具体举措</th><th>保障举措</th></tr>
<tr><td>严格</td><td>依法惩处各类违法行为，加大关系群众切身利益的重点领域执法力度</td><td rowspan="6">（1）加强行政执法信息化建设和信息共享，提高执法效率和规范化水平；
（2）全面落实行政执法责任制，严格确定不同部门及机构、岗位执法人员执法责任和责任追究机制；
（3）加强执法监督，坚决排除对执法活动的干预，防止和克服地方和部门保护主义，惩治执法腐败现象</td></tr>
<tr><td rowspan="3">规范</td><td>完善执法程序，建立执法全过程记录制度</td></tr>
<tr><td>明确具体操作流程，重点规范行政许可、行政处罚、行政强制、行政征收、行政收费、行政检查等执法行为</td></tr>
<tr><td>严格执行重大执法决定法制审核制度</td></tr>
<tr><td>公正</td><td>建立健全行政裁量权基准制度，细化、量化行政裁量标准，规范裁量范围、种类、幅度</td></tr>
<tr><td>文明</td><td></td></tr>
</table>

考点 19　公正司法的意义和基本要求

命题分析

“公正司法的意义和基本要求”在 2015 年和 2017 年都在论述题中进行

① 郭声琨：《坚持严格规范公正文明执法》，《人民日报》2014 年 11 月 13 日，第 6 版。

了考查。今后如果涉及这一考点，还是会在论述题中，考生要能够根据给出的材料，判断命题人侧重考查的影响公正司法的问题，再结合具体举措展开阐述。

考点解析

公正司法在法治工作的基本格局中，是从司法角度提出的要求。司法公正原则指司法机关在司法活动的过程和结果中，应当坚持并体现公平和正义。司法公正是社会正义的一个重要组成部分，它包括实体公正（司法裁判结果的公正）和程序公正（司法程序具有正当性，当事人在司法过程中得到公正对待）。司法的功能主要是为了定分止争，所以公正是司法的本质要求和终极价值准则。

一、公正司法的意义

《决定》中指出，“公正是法治的生命线。司法公正对社会公正具有重要引领作用，司法不公对社会公正具有致命破坏作用”。保证和实现公正司法是为了提高司法公信力，“让人民群众在每一个司法案件中感受到公平正义”，树立司法权威。

司法公信力，体现的是“人民群众对司法制度、司法机关、司法权运行过程及结果的信任程度，是以社会信心为基础而积累的司法社会信用，以及由极高的司法信用而最终形成的司法信赖”。[①] 在中国，影响司法公信力、导致司法不公的因素有：

（1）政治权力的运用对司法产生不当影响，导致司法自主和司法自律的弱化，这表现为一些党政领导者对司法活动进行干预，甚至对案件裁判提出明确要求，借用各种理由对司法机关作批示、打招呼。

（2）司法腐败导致司法不公，这表现为司法中在“权钱交易”“权权交易”“权情交易”下，枉法裁判。

（3）司法人员在作出法律决定的过程中，释法说理不够透彻清晰，导致决定或裁判的结果不被人民群众接受和认同。

（4）司法机关内部司法职权配置和运行存在问题。以法院为例，除了

① 《深入推进公正司法　大力提升司法公信——“提升司法公信力”专家学者座谈会发言摘要》，《人民法院报》2013年5月6日，第5版。

一些明确规定由审委会讨论决定的案件外，具体案件裁判的最终决定者并不确定。这样院长、庭长可以用明示或者默示的方式表达自己的意见或主张，而谁也不需要对裁判承担具体责任。这会导致裁判生成过程中随意性增大，影响司法公正。

（5）司法程序的正规化、技术化、专业化的提升进程和部分社会成员参与诉讼的实际能力相脱节，制度配套不足导致社会成员不能公平地分享和有效利用司法资源。

（6）媒体和社会舆论的干扰。社会舆论对个案的认知和评价关注的角度通常不从法律规定出发，并蕴含社会情绪和身份带入，常常偏离理性轨道，这会导致司法行为的扭曲。①

只有通过司法改革，解决这些问题才能促进司法公正，提高司法公信力。

二、公正司法的基本要求

《决定》指出，实现公正司法，“必须完善司法管理体制和司法权力运行机制，规范司法行为，加强对司法活动的监督”。党的十九大报告特别强调，深化司法体制综合配套改革，全面落实司法责任制，努力让人民群众在每一个司法案件中感受到公平正义。可以说，每一项具体举措都是在这一基本要求下提出的，都是为了有针对性地解决前面指出的问题。

考点20　优化司法职权配置

命题分析

在司法工作部分，“完善确保依法独立公正行使审判权和检察权的制度”“优化司法职权配置”“推进公正司法”“保障人民群众参与司法”“加强人权司法保障”“加强对司法活动的监督”这六个考点，都是“保证公正司法、提供司法公信力”下的具体举措。考生需要首先在总体上对这一架构进行把握。在司法工作部分，有很大可能就某一个或几个具体方面命制主观题，接下来下文对其中四个知识点进行讲解（考点20～考点23）。

---

① 顾培东：《当代中国司法公正问题研究》，《中国法律评论》2015年第6期。

“优化司法职权配置”是司法改革的重点。这一考点内容丰富，每一个具体举措都有相应的制度针对性。考生可以结合司法改革的具体实践全面把握其具体内容、制度价值和实践意义。这些方面在论述中可以提供充分的论证角度和论据。

考点解析

优化司法职权配置是司法体制改革的重点，是指“健全公安机关、检察机关、审判机关、司法行政机关各司其职，侦查权、检察权、审判权、执行权相互配合、相互制约的体制机制”。优化司法职权配置，是为了化解司法权运行中存在的各种矛盾，进一步明确司法机关的职责，节约司法资源，提高办案效率，实现司法为民，促进司法公正。

下面用表格的形式对具体改革举措进行列举：

司法改革举措	具体含义或要求
实行审判权和执行权相分离的体制改革	
完善刑罚执行制度	统一刑罚执行体制
改革司法机关人财物管理体制	实行法院、检察院司法行政事务管理权和审判权、检察权相分离
最高人民法院设立巡回法庭	审理跨行政区域重大行政和民商事案件
设立跨行政区划的人民法院和人民检察院	办理跨地区案件
完善行政诉讼体制机制	调整行政诉讼案件管辖制度，解决行政诉讼立案难、审理难、执行难等问题
改革法院案件受理制度	变立案审查制为立案登记制，对人民法院依法应该受理的案件，做到有案必立、有诉必理，保障当事人诉权
	加大对虚假诉讼、恶意诉讼、无理缠诉行为的惩治力度
完善刑事诉讼中认罪认罚从宽制度	
完善审级制度	一审重在解决事实认定和法律适用，二审重在解决事实法律争议、实现二审终审，再审重在解决依法纠错、维护裁判权威
完善对涉及公民人身、财产权益的行政强制措施实行司法监督制度	

续表

司法改革举措	具体含义或要求
完善检察机关对行政机关的监督	检察机关在履行职责中发现行政机关违法行使职权或者不行使职权的行为，应该督促其纠正
建立检察机关提起公益诉讼制度	
健全司法机关内部监督制约机制	明确司法机关内部各层级权限
建立司法机关内部人员过问案件的记录制度和责任追究制度	司法机关内部人员不得违反规定干预其他人员正在办理的案件
完善主审法官、合议庭、主任检察官、主办侦查员办案责任制	落实谁办案谁负责
健全职务犯罪受理、分流、查办、信息反馈制度	加强线索管理，明确纪检监察和刑事司法办案标准和程序衔接，严格查办职务犯罪案件

例 1：2015—2016 年，最高人民法院先后在深圳、沈阳、南京、郑州、重庆、西安设立了巡回法庭。这一制度改革的价值是什么？

提示：第一，保证公正司法，提高司法公信力。在司法实践中，一些重大行政案件或跨区域案件由某一方当事人所在地法院管辖，法院可能受到各种关系影响，不利于公正判决。巡回法庭来审理这些案件，有利于避免地方保护主义，保证案件审判更加公平公正。巡回法庭也能够指导监督巡回区内各级法院公正审理各类案件。

第二，落实司法为民和诉讼便民利民的原则。巡回法庭能让当事人和律师有更多机会、更便捷的渠道得到最高人民法院的司法服务，节约到最高人民法院打官司及申诉、上访的成本。

第三，探索审判权去行政化的经验和有效模式。巡回法庭率先实行主审法官和合议庭办案责任制，随机确立审判组织，庭领导带头审案但不签发自己未参与审判案件的裁判文书，有助于消除审判权运行的行政化问题，确保其符合司法规律。

第四，就地化解信访问题，分解最高人民法院办案压力，使其有更多精力制定司法解释和司法政策，审理对统一法律适用有重大指导意义的案件，发布指导性案例，指导全国法院审判工作。①

① 胡云腾：《为什么要设立巡回法庭?》，《求是》2015 年第 12 期。

例 2：2015 年下半年，最高人民检察院先后分布了《检察机关提起公益诉讼试点方案》和《人民检察院提起公益诉讼试点工作实施办法》，根据规定，“人民检察院履行职责中发现污染环境、食品药品安全领域侵害众多消费者合法权益等损害社会公共利益的行为，在没有适格主体或者适格主体不提起诉讼的情况下，可以向人民法院提起民事公益诉讼”。2017 年全国人大常委会对《行政诉讼法》作出修改，对第 25 条增加 1 款，作为第 4 款，该修改标志着行政公益诉讼制度在我国的初步建立。根据新增第 25 条第 4 款，人民检察院在履行职责中发现生态环境和资源保护、食品药品安全、国有财产保护、国有土地使用权出让等领域负有监督管理职责的行政机关违法行使职权或者不作为，致使国家利益或者社会公共利益受到侵害的，应当向行政机关提出检察建议，督促其依法履行职责。

检察机关提起公益诉讼制度的价值和实践意义是什么？

提示：第一，弥补了提起行政公益诉讼主体的缺位，强化了对国家和社会公共利益的保护。检察机关以公益诉讼人身份提起诉讼，是保护国家和社会公共利益的重要手段，不仅能够增强公益保护刚性，而且能够发挥专业知识、诉讼技能和国库资金支持的优势。

第二，有利于督促行政机关主动纠正违法行为，依法履行职责，助推法治政府建设。在实践中，检察机关严格落实诉前程序，能够促进行政机关和有关社会组织主动履行公益保护的职责。

第三，调动了其他适格主体的积极性，增进了公益保护的社会参与。这有利于检察机关围绕人民群众关心的突出问题，拓展案件线索来源，强化对线索的排查、评估和管理。①

考点 21　推进公正司法

命题分析

“推进公正司法”是主观题的一个命题重点，2016 年考查了“法律面前人人平等的原则对推进严格司法的意义”，2017 年考查了“如何在司法中正确处理法律和天理人情的关系”。公正司法的原则在分析司法不公、司

① 曹建明：《最高人民检察院关于检察机关提起公益诉讼试点工作情况的中期报告》2016 年 11 月 5 日。

法腐败等问题时，有较大的阐述空间。考生可以分别从理论上、改革措施的内容和现实意义上对该考点进行备考。

考点解析

推进公正司法，是司法工作的基本要求。坚持公正司法，就是坚持司法法治原则，即“坚持以事实为根据、以法律为准绳”。

一、公正司法的三个方面

《决定》中从三个方面提出推进公正司法的要求：

（1）事实认定符合客观真相。这指的是坚持以事实为根据，司法机关审理案件，只能以被合法证据证明的事实和依法推定的事实作为适用法律的依据。这意味着在司法中，坚持实事求是，从实际出发，重视证据的收集、审查和认定。

（2）办案结果符合实体公正。这指的是坚持以实体法律为准绳，司法时要严格依照法律规定裁判案件，即按照实体法律的有关规定确定争议双方的权利和义务，认定和归结法律责任。

（3）办案过程符合程序公正。这指的是坚持以程序法律为准绳，在司法时，遵照法律所规定的权限划分，按照诉讼法上的程序和要件裁判案件。

二、推进公正司法的两项制度机制

《决定》指出，“加强和规范司法解释和案例指导，统一法律适用标准”。这是党的文献首次对司法解释和案例指导工作提出明确要求。

（1）加强和规范司法解释。司法解释在推动法律修改和完善，统一法律适用标准，促进严格、公正司法，保障人民群众合法权益等方面，发挥了重要作用。一方面，要适时发布高质量的司法解释，统一办案尺度，为严格、公正司法提供明确依据；另一方面，要推进司法解释规范化，完善司法解释的工作程序，保证司法解释制定过程公开透明，吸纳社会公众的意见和建议，提高司法解释的质量和水平。

（2）加强和规范案例指导。案例指导制度是贯彻党的十七大部署的司法改革举措而诞生的新事物，2010 年，最高人民法院、最高人民检察院和公安部分别发布了关于案例指导工作的规定，正式确立了中国特色的案例指导制度。人民法院发布的指导性案例，对于统一裁判标准，实现同案同判发挥了重要作用。还需要进一步统一指导性案例的编选标准、工作程序、指导范围和发布机制，提高案例指导工作规范化水平。①

三、推进公正司法的具体举措

下面先用表格的形式进行列举，再举例说明：

<table>
<tr><th colspan="2">司法改革举措</th><th>制度价值和要求</th></tr>
<tr><td colspan="2">推进以审判为中心的诉讼制度改革</td><td>确保侦查、审查起诉的案件事实证据经得起法律的检验</td></tr>
<tr><td colspan="2" rowspan="2">严格依法收集、固定、保存、审查、运用证据，完善证人、鉴定人出庭制度</td><td>贯彻证据裁判规则</td></tr>
<tr><td>保证庭审在查明事实、认定证据、保护诉权、公正裁判中发挥决定性作用</td></tr>
<tr><td rowspan="3">办案责任制</td><td>明确各类司法人员工作职责、工作流程、工作标准</td><td rowspan="3">确保案件处理经得起法律和历史检验</td></tr>
<tr><td>办案质量终身负责制</td></tr>
<tr><td>错案责任倒查问责制</td></tr>
</table>

例 1：2016 年 10 月，最高人民法院、最高人民检察院、公安部、国家安全部、司法部近日联合发布《关于推进以审判为中心的刑事诉讼制度改革的意见》，2017 年 2 月，最高人民法院印发了《关于全面推进以审判为中心的刑事诉讼制度改革的实施意见》。推进以审判为中心的诉讼制度改革，在刑事诉讼实践中有什么重要意义？

提示：在刑事诉讼中，审判程序是刑事诉讼的最后一道程序，是参与的诉讼主体最多的诉讼程序，也是最终对案件作出裁判并承担法律责任的诉讼程序。但是，一些公诉案件到了审判阶段以后，由于关键证据没有收集或者没有依法收集，或者起诉的案件没有达到“案件事实清楚、证据确实充分”的定案要求，使审判机关既难以依法定罪也难以依法宣告无罪。如果强行下判，则可能造成冤假错案，严重损害司法公信力；如果依法放人，又难以承受来自社会各方的巨大压力，当事人往往被超期羁押，人民群众反映强烈。

因此，推进以审判为中心的诉讼制度改革，确保侦查程序和公诉程序

① 周强：《推进严格司法》，《人民日报》2014 年 11 月 14 日。

的办案标准符合审判程序的法定定案标准，有利于从源头上防止事实不清、证据不足的案件或者违反法律程序的案件进入审判程序，从而有效防范冤假错案，提高办案质量，节约诉讼资源，实现司法公正。[①]

例 2： 如何理解办案质量终身负责制和错案责任倒查问责制？

提示： 办案质量终身负责制，指法官、检察官、警察各自对办理的案件承担法定责任，这种责任从办案之日起一直延续终身。这是“让审理者裁判、由裁判者负责”的具体化，是司法责任制的延伸。案件质量涉及事实真相是否查明，法律适用是否正确，是否遵循法定程序，当事人权利是否受到依法保护或非法侵害等方面。错案责任倒查问责制，指如果出现错案，就要进行倒查和问责。

但是，如果司法人员的权力不独立、不完整，对案件起诉的内容和审判的结果并没有决定权，一定程度上要按上级指令办案或者听命于领导的要求，在出现错案时，如何追究办案人员或有关领导和上级的责任？这就要求必须依法保障司法人员的独立办案权，即依法保障法官的独立审判权、检察官的独立检察权和公安人员的独立侦办权，才能要求他们对案件质量承担终身责任，才能就冤假错案对他们进行责任倒查和追究。

2015 年 4 月，中央办公厅、国务院办公厅印发了《关于贯彻落实党的十八届四中全会决定进一步深化司法体制和社会体制改革的实施方案》，从两个方面对此做出制度安排：①健全法治工作人员管理制度，完善职业保障体系，建立法官、检察官、人民警察专业职务序列及工资制度，推动建立省以下地方法院、检察院人财物统一管理制度。把法官、检察官、警察等司法人员从公务员中单列，把司法人员的人财物保障从地方财政中单列，对司法人员和普通公务员实行分类管理，强化对司法人员的薪酬保障、专业职务保障和职业保障，从而促进他们独立、完整的司法权的实现，也要求他们承担比公务员更大的责任。②建立领导干部干预司法活动记录、通报和责任追究制度，建立完善司法机关内部人员过问案件记录制度和责任追究制度，为司法人员在办案过程中坚持独立行使权力、依法抵制各种干预干扰行为提供制度保障。[②]

---

① 周强：《推进严格司法》，《人民日报》2014 年 11 月 14 日。

② 《办案质量终身负责制是一个“牛鼻子”》，《北京青年报》2015 年 4 月 11 日，第 2 版。

考点22　保障人民群众参与司法

命题分析

“保障人民群众参与司法”可以和“坚持人民主体地位”的原则结合进行考查，考生可以全面理解它的具体举措和相关制度价值。

考点解析

保障人民群众参与司法，是坚持人民主体地位的基本原则在司法领域中的体现。《决定》指出，“坚持人民司法为人民，依靠人民推进公正司法，通过公正司法维护人民权益”。保障人民群众参与司法的具体举措有：

一、拓宽人民群众参与司法的渠道

司法活动除了诉讼，还有调解、司法听证、涉诉信访等附属性、辅助性的形式。《决定》指出，“在司法调解、司法听证、涉诉信访等司法活动中保障人民群众参与”。具体言之：

（1）完善司法调解机制。我国《民事诉讼法》第95条规定：“人民法院进行调解，可以邀请有关单位和个人协助。被邀请的单位和个人，应当协助人民法院进行调解。”充分发挥与当事人关系密切的组织和群众在司法调解中的作用，有利于和人民调解、行政调解形成联调联动机制，形成化解社会矛盾的合力。人民群众参与司法调解工作，更容易和当事人进行沟通、建立信任、获得认同，有利于当事人双方打开心结、化解矛盾，对维护社会稳定、提高司法效率具有重要作用。

（2）探索司法听证程序。司法听证是在特定司法活动中听取案件利害关系人意见的法律程序，如不起诉、拟判处缓刑、司法赔偿等案件以及减刑、假释、暂予监外执行等程序。听证程序公开透明，可以成为诉讼程序的有力补充，也需要保障参与听证的人的范围。

（3）丰富化解涉诉信访的方法。涉法涉诉信访如果进行司法程序，要通过公正的司法活动进行解决。对依法不能进行司法程序、依法应当终结或者需要复查听证的涉诉信访，可以邀请律师、人大代表、心理咨询师、相关领域专业人员和基层群众代表，共同做好释法说理、司法救助和矛盾化解工作，促使信访人息诉罢访，回归正常生活，维护社会和谐稳定。

二、完善人民陪审员制度

人民陪审员制度体现了我国人民司法的传统，它的功能在于实现司法的民主化、司法参与的大众化。《决定》指出，“完善人民陪审员制度，保障公民陪审权利，扩大参审范围，完善随机抽选方式，提高人民陪审制度公信度。逐步实行人民陪审员不再审理法律适用问题，只参与审理事实认定问题”。2015 年 4 月，根据《人民陪审员制度改革试点方案》，最高人民法院在北京、河北、黑龙江等 10 个省（区、市），各选 5 个法院开展人民陪审员制度改革试点工作。在总结试点经验的基础上，《中华人民共和国人民陪审员法》于 2018 年 4 月 27 日通过，并自公布之日起施行。

结合该制度在运行中存在的问题，改革举措有：

（1）保障公民陪审权利，增加人民陪审员选任范围。这是为了避免人民陪审员选任上过于“精英化”的倾向，扩大人民陪审员的选任范围，让社会不同行业、性别、年龄、民族的人员都能参加陪审工作，保证人民陪审员的广泛代表性。

（2）扩大参审范围。这是针对陪审案件较少的问题，提出合理设定人民陪审员参审案件的范围，细化陪审适用条件，提高在涉及群体利益、公共利益、人民群众广泛关注等案件中人民陪审员的参审比例。

（3）完善随机抽选陪审员方式。这是为了解决实践中人民陪审员选任“固定化”和“专职化”的倾向，纠正普遍存在的常驻法院的“专审员”现象，对陪审员选任方式进行改革。这体现为三个“随机”，即随机抽取候选人，随机确定人选和随机选人参审，防止人为因素干扰陪审的公正性。

（4）细分事实审和法律审的不同情况。陪审员参加三人合议庭审判案件，对事实认定、法律适用，独立发表意见，行使表决权。陪审员参加七人合议庭审判案件，对事实认定，独立发表意见，并与法官共同表决；对法律适用，可以发表意见，但不参加表决。

三、深化司法公开

司法公开，有利于保障人民群众对司法工作的知情权和监督权，有助于实现以公开促公正、树公信、保廉洁。《决定》指出，“构建开放、动态、透明、便民的阳光司法机制，推进审判公开、检务公开、警务公开、狱务公开，依法及时公开执法司法依据、程序、流程、结果和生效法律文书，杜绝暗箱操作。加强法律文书释法说理，建立生效法律文书统一上网和公开查询制度”。具体言之：

（1）推进审判公开。具体包括审判流程公开、裁判文书公开（加强法律文书释法说明，公开裁判理由）、执行信息公开三个方面。

（2）推进检务公开。建立检察机关终结性法律文书公开制度，对存在较大争议或在当地有较大影响的案件拟作不起诉、不服检察机关处理决定的申诉案件，检察机关主动或依申请公开审查、公开答复。要完善办案信息查询系统，实现当事人通过网络实时查询办案流程和程序性信息，确保对案件办理的全程、实时、公开监督。

（3）推进警务公开。要健全公安机关执法依据、程序、流程、结果和生效法律文书公开机制，及时公开涉及公共利益、社会关注度高的重大案件调查进展和办理结果，为人民群众及时提供执法情况信息。

（4）推进狱务公开。严格提请减刑、假释，提请和决定暂予监外执行各环节的条件和程序，建立健全公开、公示制度，积极建设减刑、假释、暂予监外执行网上信息平台。

（5）推进信息化建设。建立生效法律文书统一上网和公开查询制度，充分利用现代信息技术的交互性特点，及时关注群众对公开信息的评价意见，加强互动交流。①

考点 23　加强人权司法保障

命题分析

“加强人权司法保障”可以和“坚持人民主体地位”的原则结合进行考查。在具体落实上，它也可以和“优化司法职权配置”结合进行考查，例如通过相关制度切实解决执行难，保障胜诉当事人及时实现权益。

近年，国家发布了若干文件，用于加强诉讼过程中当事人及其他诉讼参与人的权利保障、防范和纠正冤假错案、解决执行难的问题等。2017 年 12 月 15 日，国务院新闻办公室发布《中国人权法治化保障的新进展》白

① 参见姜伟：《保障人民群众参与司法》，《光明日报》2014 年 11 月 27 日。

皮书。在主观题备考上，考生应全面理解相关举措，做好准备。

考点解析

“全面依法治国，全方位提升人权保障法治化水平，保证人民享有更加充分的权利和自由，努力实现社会公平正义，更好推动人的全面发展、社会全面进步，是中国共产党、中国政府的坚定意志和不懈追求。”① 加强人权司法保障是保证司法公正的一个重要方面，这是因为司法是人权保障的最后防线。

下面用表格的形式对具体改革举措进行列举：

具体要求	举措和内容
加强诉讼过程中当事人及其他诉讼参与人的权利保障	强化诉讼过程中当事人和其他诉讼参与人的知情权、陈述权、辩护辩论权、申请权、申诉权的制度保障
防范和纠正冤假错案	健全落实罪刑法定、疑罪从无、非法证据排除等法律原则的法律制度
	完善对限制人身自由司法措施和侦查手段的司法监督
	加强对刑讯逼供和非法取证的源头预防
切实解决执行难的问题	制定强制执行法，规范查封、扣押、冻结、处理涉案财物的司法程序
	加快建立失信被执行人信用监督、威慑和惩戒法律制度
	依法保障胜诉当事人及时实现权益
落实终审和诉讼终结制度	实行诉访分离，保障当事人依法行使申诉权利
	对不服司法机关生效裁判、决定的申诉，逐步实行由律师代理制度
	对聘不起律师的申诉人，纳入法律援助范围

下面是2017年《中国人权法治化保障的新进展》白皮书中的部分事例：

例1： 健全非法证据排除规则。

第一，明确需要进行录音录像的案件范围、录制要求等，检察机关和公安机关在讯问职务犯罪案件，可能判处无期徒刑、死刑的案件，以及其

① 国务院新闻办公室：《中国人权法治化保障的新进展》白皮书，2017年12月15日。

他重大犯罪案件的嫌疑人时实行全程同步录音录像，规范侦查讯问活动。

第二，2017 年 6 月，我国最高人民法院和最高人民检察院等五部门联合发布实施《关于办理刑事案件严格排除非法证据若干问题的规定》，进一步明确了刑事诉讼各环节非法证据的认定标准和排除程序，将以威胁、非法限制人身自由方法收集的证据纳入非法证据排除规则的适用对象，确立了犯罪嫌疑人重复性供述排除规则，强化了辩护人的非法证据排除权，明确了庭前会议对证据收集是否合法的初步审查功能，明确了非法获取的证人证言和被害人陈述以及实物证据的排除规则和当庭裁决原则。

2013 年以来，各级检察机关因排除非法证据决定不批捕 2624 人，不起诉 870 人。

例 2：切实解决执行难的具体措施和落实情况。

第一，通过建立并运行覆盖全国法院的执行指挥系统和网络执行查控系统，健全联合信用惩戒体系，出台网络司法拍卖等涉执行司法解释和规范文件，案件执行质效显著提升。

第二，2016 年 9 月，中共中央办公厅、国务院办公厅发布《关于加快推进失信被执行人信用监督、警示和惩戒机制建设的意见》，规定 37 项惩治“老赖”措施。

第三，开展涉民生案件专项集中执行活动，着重执行涉及人民群众生存生活的追索劳动报酬、农民工工资、赡养费、抚养费等 9 类案件。

2018 年 7 月，最高人民法院通报“基本解决执行难”工作进展和第三方评估情况，全国法院从 2016 年到 2018 年 6 月受理执行案件 1599. 36 万件，执结 1436. 63 万件，执行到位金额 3. 35 万亿元。网络查控范围从最初的 20 家银行发展为 3800 多家银行，联网部门有 16 家单位，可查询被执行人全国范围内的存款、金融理财产品、船舶、车辆、证券、网络资金等 16 类 25 项信息。在推进联合惩戒体系建设方面，从 2013 年 10 月至 2018 年 6 月 30 日，全国法院累计发布失信被执行人名单 1123 万例，涉及失信被执行人 440 万个。共限制 1222 万人次购买机票，限制 458 万人次购买动车、高铁票。限制失信被执行人担任企业法定代表人及高管 28 万人。被执行人自动履行率提高，全国有 280 万失信被执行人迫于信用惩戒压力自动履行了义务。

2019 年 7 月，中央全面依法治国委员会关于印发《关于加强综合治理从源头切实解决执行难问题的意见》的通知，从加强执行难综合治理，深化执行联动机制建设，加强人民法院执行工作等方面做出部署。

考点24 推动全社会树立法治意识

命题分析

对于守法工作的意义来说，应当记忆的重点内容有两部分：第一，十九大报告提出“加大全民普法力度，建设社会主义法治文化，树立宪法法律至上、法律面前人人平等的法治理念。各级党组织和全体党员要带头尊法学法守法用法，任何组织和个人都不得有超越宪法法律的特权，绝不允许以言代法、以权压法、逐利违法、徇私枉法”。第二，《决定》指出，“法律的权威源自人民的内心拥护和真诚信仰。人民权益要靠法律保障，法律权威要靠人民维护。必须弘扬社会主义法治精神，建设社会主义法治文化，增强全社会厉行法治的积极性和主动性，形成守法光荣、违法可耻的社会氛围，使全体人民都成为社会主义法治的忠实崇尚者、自觉遵守者、坚定捍卫者”。

在守法工作部分，主要是从“推动全社会树立法治意识”“推进多层次多领域依法治理”“建设完备的法律服务体系”“健全依法维权和化解纠纷机制”进行展开的。下文对具体的三个方面进行讲解（考点24～考点26）。

对于“推动全社会树立法治意识”，考生应当熟悉具体举措的内容和要求。

考点解析

法治意识是人们对法律发自内心的认可、崇尚、遵守和服从。推动全社会树立法治意识是为了使法律的权威源自人民的内心拥护和真诚信仰，使全体人民都成为社会主义法治的忠实崇尚者、自觉遵守者、坚定捍卫者。

“奉法者强则国强，奉法者弱则国弱”，现代社会的每个公民都应当有对法治的信仰和敬畏。这意味着法治不是依赖法律的严酷、冷峻，不是仅仅通过国家强制力来使人们遵守法律，而是应当通过人们在观念上、意识上、情感上对法律的信仰来实现。因此，《决定》指出，“坚持把全民普法和守法作为依法治国的长期基础性工作，引导全民自觉守法、遇事找法、解决问题靠法”。十九大报告强调，“加大全民普法力度，建设社会主义法治文化，树立宪法法律至上、法律面前人人平等的法治理念”。

下面用表格的形式对具体举措进行列举：

具体举措	内容和要求
开展法治宣传教育	完善国家工作人员学法用法制度：把宪法法律列入党委（党组）中心组学习内容，列为党校、行政学院、干部学院、社会主义学院必修课（领导干部带头学法、模范守法是树立法治意识的关键）
	把法治教育纳入国民教育体系：在中小学设立法治知识课程
健全普法宣传教育机制	各级党委和政府要加强对普法工作的领导
	宣传、文化、教育部门和人民团体要在普法教育中发挥职能作用
	实行国家机关“谁执法谁普法”的普法责任制：建立法官、检察官、行政执法人员、律师等以案释法制度，加强普法讲师团、普法志愿者队伍建设
	把法治教育纳入精神文明创建内容，开展群众性法治文化活动
	健全媒体公益普法制度，加强新媒体新技术在普法中的运用，提高普法实效
树立有权力就有责任、有权利就有义务观念	加强社会诚信建设，健全公民和组织守法信用记录，完善守法诚信褒奖机制和违法失信行为惩戒机制
实现法治和公民道德建设相得益彰	加强公民道德建设，弘扬中华优秀传统文化，增强法治的道德底蕴，强化规则意识，倡导契约精神，弘扬公序良俗
	发挥法治在解决道德领域突出问题中的作用，引导人们自觉履行法定义务、社会责任、家庭责任

考点 25　推进多层次多领域依法治理

命题分析

“推进多层次多领域依法治理”在主观题的命题中可以和“保障人民群众参与司法”进行结合，在理论考查上可以考虑“多元社会治理规范体系”作为命题点。

十九大报告强调：“打造共建共治共享的社会治理格局。加强社会治理制度建设，完善党委领导、政府负责、社会协同、公众参与、法治保障的社会治理体制，提高社会治理社会化、法治化、智能化、专业化水平。”“加强农村基层基础工作，健全自治、法治、德治相结合的乡村治理体系。”考生可以从下面四个方面对这部分的内容进行全面理解。

考点解析

推进多层次多领域依法治理，是对多年来我国依法治理经验的总结，反映了党对社会治理和依法治国科学规律的认识。推进多层次多领域依法治理就是创新社会治理，推进国家治理体系和治理能力的现代化。在社会快速发展过程中，我国社会呈现出社会层次立体化、社会主体多样化、社会利益差别化、社会矛盾复杂化的特点，因此需要通过法治使不同层次不同领域社会关系得到规范协调，使社会主体能够依法理性表达诉求，使社会矛盾纠纷能够按照法律规定的内容和程序得到公正解决。《决定》指出，推进多层次多领域依法治理的基本要求，要“坚持系统治理、依法治理、综合治理、源头治理，提高社会治理法治化水平”。具体来说：

一、开展多层次多形式法治创建活动

我国社会主体数量众多，乡镇4万多个，建制村（居）80多万个，登记企事业法人1000余万家。这些基本社会单元的法治化程度，直接决定整个社会的法治化水平。因此，可以根据不同类型社会主体的性质、功能和特点，制定符合实际、特色鲜明的法治创建目标和实施方案。

例如，对于行政区域，可以着眼于推进区域社会治理的制度化、法治化，规范公共权力行使，保障公民权利；对于市场主体，可以着眼于建立现代企业制度，完善法人治理结构，促进依法经营、重信守诺；对于村（居）基层组织，可以着眼于推进基层民主法治建设，完善村（居）民自治制度和机制，促进民主管理、依法自治；对于社会组织，可以着眼于规范行为、激发活力，完善内部治理机制、强化自律功能。

二、深化基层组织和部门、行业依法治理

《决定》指出，“深化基层组织和部门、行业依法治理，支持各类社会主体自我约束、自我管理”。基层组织和部门、行业是社会的重要组成单元。对于基层组织，要深入贯彻《村民委员会组织法、城市居民委员会组织法》等基层群众自治法律法规，健全完善村（居）群众组织，推进村民委员会、居民委员会依照法律和章程自主管理村（居）事务，使广大基层群众在自我管理、自我服务中增强法治意识和权利义务观念，提高依法管

理社会事务的意识和能力。对于各个部门和行业，要深入推进其依法治理，促进各级政府部门依法行政、严格执法，社会各行业依法办事、诚信尽责。

三、发挥社会规范在社会治理中的积极作用

《决定》指出，“发挥市民公约、乡规民约、行业规章、团体章程等社会规范在社会治理中的积极作用”。社会治理规范体系是由不同类别、不同层级、不同效力的社会规范构成的集合体。除了法律外，还有市民公约、乡规民约、行业规章、团体章程等多种形式的社会规范，它们对相应的不同主体或成员也发挥着规范、指引和约束作用。发挥这些社会规范在社会治理中的积极作用，有利于推动形成多层次、多样化的社会治理规范体系，以最适当的规范形式实现对社会纠纷最佳方式的解决。

四、发挥人民团体和社会组织在法治社会建设中的积极作用

人民团体是党领导下的群众组织，包括各工商联、各级工会、共青团、妇联、科协、侨联、台联、青联等。要发挥各自组织特点和优势，建立制度化管道，完善其工作机制。社会组织是社会治理的重要主体，在市场经济条件下，社会组织在政府与市场之间、政府与社会之间搭建起桥梁和纽带。《决定》是从三个方面展开具体举措：

（1）建立健全社会组织参与社会事务、维护公共利益、救助困难群众、帮教特殊人群、预防违法犯罪的机制和制度化渠道。

这意味着，把适合由社会组织提供的公共服务和解决的事项交由社会组织承担。引导社会组织发挥专业优势、开展志愿服务，构建制度化服务平台。

（2）支持行业协会、商会类社会组织发挥行业自律和专业服务功能，发挥社会组织对其成员的行为导引、规则约束、权益维护作用。

这指的是，进一步推进政社分开，加快行业协会、商会与行政机关脱钩步伐，使之真正成为组织健全、制度完善、权责明确、运行规范的社会主体。发挥社会组织行业自律和专业服务功能，规范和促进行业健康有序发展。①

（3）加强在华境外非政府组织管理，引导和监督其依法开展活动。

① 参见汪永清：《推进多层次多领域依法治理》，《人民日报》2014 年 12 月 11 日，第 7 版。

例 1：人民团体在维护公民合法权益上的积极作用。①

在人权保障上，工会、共青团、妇联等群团组织通过多种渠道反映民众诉求，在反家庭暴力法、劳动保障监察条例等法律法规的制定过程中积极建言献策。

各级工会履行劳动法律监督职责，开展重大劳动违法典型案件公开曝光工作，积极维护劳动者合法权益。截至 2016 年，全国共有工会劳动法律监督组织近 99 万个，工会劳动法律监督员 199 万人。

2012 年至 2016 年，县以上妇联系统通过 12338 热线等渠道受理妇女权益投诉 133 万余件次，基层妇联协调专业力量共同为权益受侵害的妇女提供矛盾排查、纠纷化解、法律援助、关爱帮扶的综合维权服务。

例 2：中国社会组织发展现状及其作用发挥。②

截至 2017 年 6 月，全国依法登记的社会组织约 72.5 万个，其中社会团体 34.4 万个，社会服务机构 37.5 万个，基金会 5919 个。慈善类社会组织在扶贫济困救灾和应对各类突发事件中的优势和作用得到充分发挥。政府向社会组织购买服务力度加大，2017 年，中央财政全年共立项 474 个，立项总资金 18206 万元，配套资金 7668 万元，预计直接受益群众超过 107.84 万人，培训社会组织负责人近 7400 人。

考点 26　健全依法维权和化解纠纷机制

命题分析

“健全依法维权和化解纠纷机制”可以和“坚持人民主体地位”“保障人民群众参与司法”等考点结合考查。重点内容如利益表达机制和协商沟通机制、健全救济救助机制、把信访纳入法治化轨道、完善多元化纠纷解决机制、强化危害食品药品安全、影响安全生产、损害生态环境、破坏网络安全等重点问题治理。

考点解析

健全依法维权和化解纠纷机制，是法治社会建设的重要内容。一方面，

① 此例内容引自国务院新闻办公室《中国人权法治化保障的新进展》白皮书。
② 此例内容引自国务院新闻办公室《中国人权法治化保障的新进展》白皮书。

随着经济社会发展和民主法治进步，人民群众的权利意识日益增强，利益诉求也日益多元化。健全依法维权和化解纠纷机制，能使人民群众通过法律途径，选择最便捷、最适当的方式维护自身权益，化解纠纷。另一方面，我国正处在社会转型期，各种人民内部矛盾和社会矛盾已经成为影响社会稳定很突出、处理起来很棘手的问题。对涉及维权的维稳问题，首先要把群众合理合法的利益诉求解决好。健全依法维权和化解纠纷机制，有助于及时妥善处置化解各类社会矛盾纠纷。

所以，从维护人民群众合法权益和维护社会和谐稳定的角度出发，《决定》指出，“强化法律在维护群众权益、化解社会矛盾中的权威地位，引导和支持人们理性表达诉求、依法维护权益，解决好群众最关心最直接最现实的利益问题”。

下面用表格的形式对具体举措进行列举：

改革举措	具体机制	制度目标
构建对维护群众利益具有重大作用的制度体系	建立健全社会矛盾预警机制	畅通群众利益协调、权益保障法律渠道
	利益表达机制和协商沟通机制	
	救济救助机制	
	把信访纳入法治化轨道	保障合理合法诉求依照法律规定和程序就能得到合理合法的结果
健全社会矛盾纠纷预防化解机制	完善多元化纠纷解决机制	实现调解、仲裁、行政裁决、行政复议、诉讼等有机衔接、相互协调
	加强行业性、专业性人民调解组织建设，完善调解联动工作体系	实现人民调解、行政调解、司法调解联动工作
	完善仲裁制度	提高仲裁公信力
	健全行政裁决制度	强化行政机关解决同行政管理活动密切相关的民事纠纷功能
推进社会治安综合治理，健全落实领导责任制	完善立体化社会治安防控体系	有效防范化解管控影响社会安定的问题，保障人民生命财产安全
	依法严厉打击暴力恐怖、涉黑犯罪、邪教和黄赌毒等违法犯罪活动	不允许其形成气候，遏制其发展和扩大
	依法强化危害食品药品安全、影响安全生产、损害生态环境、破坏网络安全等重点问题治理	

考点27　加强党内法规制度建设

命题分析

“加强党内法规制度建设”可以和“坚持中国共产党的领导基本原则”“坚持依法执政的意义和基本要求”等考点结合进行命题。“完善的党内法规体系”不仅是全面依法治国总目标中“五大体系”中的重要内容，而且十九大报告又对其进行了强调，它是党依法执政的重要内容之一，是当前的热点问题。

在备考上，重点是党内法规的概念及其种类，党内法规制度体系建设的指导精神和具体要求，以及完善该制度体系的目标。此外，在下文中还对党内法规制度建设对依法执政的意义、推进党内法规和国家法律有效衔接进行了扩展，希望有助于大家对该考点的理解。

一、党内法规的概念和种类

《中国共产党党内法规制定条例》规定：党内法规是党的中央组织以及中央纪律检查委员会、中央各部门和省、自治区、直辖市党委制定的规范党组织的工作、活动和党员行为的党内规章制度的总称。

根据《条例》的规定，党内法规的种类主要有：党章、准则、条例以及规则、规定、办法、细则。

二、党内法规制度体系建设

（一）指导精神和具体要求

习近平总书记强调：“要健全完善制度，以党章为根本遵循，本着于法周延、于事有效的原则，制定新法规制度，完善已有的法规制度，废止不适应的法规制度，健全党内规则体系，扎紧党纪党规的笼子。”

党的十九大报告要求，“增强依法执政本领，加快形成覆盖党的领导和党的建设各方面的党内法规制度体系，加强和改善对国家政权机关的领导”，这对新时代党内法规制度体系建设提出了新的要求。

（二）已形成的党内法规制度体系

2013 年 11 月 27 日发布的《中央党内法规制定工作五年规划纲要

（2013—2017 年）》（以下简称《纲要》），是中国共产党历史上第一个党内法规制定工作规划纲要，对新形势下构建党内法规制度体系、全面提高党的建设科学化水平作出要求和部署。

党的十八大以来，共制定修订了 90 多部党内法规，同时对已有党内法规制度进行了全面清理，废止了一大批过时、失效的法规制度，基本形成了以《党章》为根本遵循，以《关于新形势下党内政治生活的若干准则》《中国共产党廉洁自律准则》和《中国共产党纪律处分条例》《中国共产党党内监督条例》等基本党法党规为主干，多种形式的党内法规制度并存的党内法规制度体系。

（三）完善党内法规制度体系的目标

完善党内法规制度体系的目标是，适应新时代坚持和加强党的全面领导、以党的政治建设为统领、全面推进党的各项建设的需要，到建党 100 周年时形成以党章为根本、以准则条例为主干，覆盖党的领导和党的建设各方面的党内法规制度体系，并随着实践发展不断丰富完善。

2017 年 12 月出台《关于加强党内法规制度建设的意见》，指出要坚持目标导向和问题导向，按照“规范主体、规范行为、规范监督”相统筹相协调原则，完善以“1 +4”为基本框架的党内法规制度体系，即在党章之下分为党的组织法规制度、党的领导法规制度、党的自身建设法规制度、党的监督保障法规制度四大板块。具体来说：

（1）要完善党的组织法规制度，全面规范党的各级各类组织的产生和职责，夯实管党治党、治国理政的组织制度基础。

（2）要完善党的领导法规制度，加强和改进党对各方面工作的领导，为党发挥总揽全局、协调各方领导核心作用提供制度保证。

（3）要完善党的自身建设法规制度，加强党的思想建设、组织建设、作风建设、反腐倡廉建设，深化党的建设制度改革，增强党的创造力、凝聚力、战斗力。

（4）要完善党的监督保障法规制度，切实规范对党组织工作、活动和党员行为的监督、考核、奖惩、保障等，确保行使好党和人民赋予的权力。

三、党内法规制度建设对依法执政的意义[①]

十八大以来，党中央始终强调依法执政既要求党依据宪法法律治国理

---

① 以下三点内容参考引用了吕品：《不断完善党内法规建设全面提高管党治党能力》，《光明日报》2018 年 1 月 19 日。

政，也要求党依据党内法规管党治党。这是我们党对依法执政内涵作出的新概括。

这意味着党不仅要依据宪法法律治国理政，而且要依据党内法规管党治党。党内法规既是管党治党的重要依据，也是建设社会主义法治国家的有力保障。党的十九大报告提出“全面增强执政本领”，强调“增强依法执政本领，加快形成覆盖党的领导和党的建设各方面的党内法规制度体系，加强和改善对国家政权机关的领导”。同时，十九大报告指出，全面推进党的政治建设、思想建设、组织建设、作风建设、纪律建设，把制度建设贯穿其中。这充分体现了中央把制度治党、依规治党作为全面从严治党的重要内容进行部署，体现了党对执政规律认识的进一步深化。

中国共产党作为执政党，担负全面领导国家的职责，但其本身又不是国家机关的组成部分，党的组织、党的纪律、党内监督、责任机制等不属于法律调整的范围。因此，需要通过党内法规约束规范党内权力的运行。中国共产党依法执政首先必须依规治党，使政党的权力运行稳定化、科学化，才能使党的建设和对国家政权机关的领导科学化、制度化、规范化，才能真正实现执政党与国家体制之间的相互关系的科学化和法律化，达到依法执政的目的。

四、推进党内法规和国家法律有效衔接

完善党内法规，要注重党内法规同国家法律的有机衔接。一方面，坚持党必须在宪法和法律范围内活动，防止和纠正超越宪法和法律范围的各种党的政策文件。另一方面，虽然党内法规与国家法律的范围与效力不尽相同，但两者互为补充和促进。要及时将党内法规中成熟的直接规范公权力运行的制度规定，适时经过法定程序上升为国家法律。

党的十八大以来，我们党在深入推进党风廉政建设和反腐败斗争实践中，制定完善了巡视工作条例、纪律处分条例、问责条例等一系列重大法规制度，这些制度性成果为反腐败国家立法奠定了重要基础。将部分成熟的，在实践中已经发挥重要作用的党内法规转化为更具规范性、权威性与操作性的法律，可以成为立法的有效路径。

考点28　提高党员干部法治思维和依法办事能力

命题分析

“提高领导干部的法治思维和依法办事能力”，在加强和改进党对全面依法治国的领导部分，这是一个重点内容。考生需要正确理解和辨析法治思维的含义，领会这一要求提出的现实背景和原因，进而掌握三项具体举措及其制度价值。

考点解析

党的十八大报告和十八届三中、四中全会《决定》都特别强调提高领导干部的法治思维和依法办事能力，对其高度重视。《决定》指出，“党员干部是全面推进依法治国的重要组织者、推动者、实践者，要自觉提高运用法治思维和法治方式深化改革、推动发展、化解矛盾、维护稳定能力，高级干部尤其要以身作则、以上率下”。十九大报告在“深化依法治国实践”部分强调，“各级党组织和全体党员要带头尊法学法守法用法，任何组织和个人都不得有超越宪法法律的特权，绝不允许以言代法、以权压法、逐利违法、徇私枉法”。

一、提高领导干部的法治思维和依法办事能力的意义

领导干部必须学会运用法治思维和法治方式来治国理政，原因主要在于两方面：

第一，法治是国家治理体系和治理能力的重要依托。随着经济社会的发展、全面深化改革的展开和人民法治意识的提高，法治作为党治国理政的基本方式，在国家治理体系中的地位越来越重要。党员干部特别是各级领导干部只有适应新形势对法治建设提出的新要求，善于运用法治思维和法治方式调节经济社会关系、统筹协调各种利益、实现改革于法有据，才能更好地规范发展行为、凝聚改革共识、促进矛盾化解、保障社会和谐，不断提高科学执政、民主执政、依法执政水平。

第二，提高党员干部法治思维和依法办事能力，具有现实紧迫性。当前，一些党员干部特别是领导干部依法执政、依法行政意识和能力不强，运用法治思维和法治方式管理经济社会事务水平不高；有的把法治建设喊

在嘴上、贴在墙上，搞形式主义、口号化，但是没有抓在手上；有的存在特权思想和官本位意识，认为法律是管老百姓的，是约束别人的，仍然运用权力思维、人治思维来管理国家和社会，知法犯法、以言代法、以权压法、徇私枉法现象依然存在。

二、法治思维的含义

法治思维是基于法治的固有特性和对法治的信念来认识事物、判断是非、解决问题的思维方式。法治方式是运用法治思维处理和解决问题的行为方式。

法治思维是一种规则思维、程序思维，它以严守规则为基本要求，强调法律的底线不能逾越、法律的红线不能触碰，凡事必须在既定的程序及法定权限内运行。法治思维的核心是权利义务观念，对于党员干部特别是各级领导干部而言，最重要的是要有法治的权力观，即权力的有限性与程序性，以及守护法律、维护宪法与法律权威的职责意识。

提高党员干部法治思维和依法办事能力，要求党员干部想问题、作决策、办事情，必须以法律为准绳，运用法治思维和法治方式进行公共事务管理，保护和实现人民权益，推动改革和社会进步、维护社会稳定和有序发展。①

三、提高党员干部法治思维和依法办事能力的举措

《决定》主要从三方面提出要求，下面以表格的形式进行说明：

具体举措	制度价值
把法治建设成效作为衡量各级领导班子和领导干部工作实绩重要内容，纳入政绩考核指标体系	完善干部考核评价机制，切实核准法治建设成效和依法履职情况
把能不能遵守法律、依法办事作为考察干部重要内容，在相同条件下，优先提拔使用法治素养好、依法办事能力强的干部	坚持正确的用人导向、形成依法办事的良好法治环境，引导和督促各级干部自觉做学法尊法信法守法用法的模范
对特权思想严重、法治观念淡薄的干部要批评教育，不改正的要调离领导岗位	坚持奖惩并举，建立刚性约束机制，做到有权必有责、用权受监督、失职要问责、违法要追究

① 参见陈希：《提高党员干部法治思维和依法办事能力》，《人民日报》2014 年 12 月 17 日，第 7 版。

第三部分　典型真题解析

2019 年①

一、试题

材料一：全面依法治国是一个系统工程，必须统筹兼顾、把握重点、整体谋划，更加注重系统性、整体性、协同性。依法治国、依法执政、依法行政是一个有机整体，关键在于党要坚持依法执政、各级政府要坚持依法行政。法治国家、法治政府、法治社会三者各有侧重、相辅相成，法治国家是法治建设的目标，法治政府是建设法治国家的主体，法治社会是构筑法治国家的基础。要善于运用制度和法律治理国家，提高党科学执政、民主执政、依法执政水平。（摘自习近平：《在中央全面依法治国委员会第一次会议上的讲话》）

扫一扫　看微课视频

材料二：依法治国是我国宪法确定的治理国家的基本方略，而能不能做到依法治国，关键在于党能不能坚持依法执政，各级政府能不能依法行政。我们要增强依法执政意识，坚持以法治的理念、法治的体制、法治的程序开展工作，改进党的领导方式和执政方式，推进依法执政制度化、规范化、程序化。执法是行政机关履行政府职能、管理经济社会事务的主要方式，各级政府必须依法全面履行职能，坚持法定职责必须为、法无授权不可为，健全依法决策机制，完善执法程序，严格执法责任，做到严格规范公正文明执法。（摘自习近平：《加快建设社会主义法治国家》）

材料三：深化党和国家机构改革，目标是构建系统完备、科学规范、运行高效的党和国家机构职能体系，形成总揽全局、协调各方的党的领导体系，职责明确、依法行政的政府治理体系……全面提高国家治理能力和治理水平。（摘自 2018 年 3 月《中共中央关于深化党和国家机构改革的决定》）

---

① 作者注：本题系作者在综合网上考生回忆版的基础上，按照真题标准改造而成。

问题：

请根据上述材料，结合你对深化党和政府机构改革的认识，谈谈法治政府建设在全面依法治国中的重要意义以及新时代法治政府建设的根本遵循。

答题要求：

（1）无观点或论述、照搬材料原文的不得分；

（2）观点正确，表述完整、准确；

（3）总字数不得少于600字。

二、答案精讲

请根据上述材料，结合你对深化党和政府机构改革的认识，谈谈法治政府建设在全面依法治国中的重要意义以及新时代法治政府建设的根本遵循。

参考答案：（为了展示论述脉络，保证论证的充分性，字数略多，大家在答题时，可以适当删减）

（一）党和政府机构改革的目标是提高国家治理的现代化，如材料一所述，构建系统完备、科学规范、运行高效的党和国家机构职能体系。依法治国，是实现国家治理体系和治理能力现代化的必然要求，因此必然要用法治的方式推进党和政府机构改革。以法治的方式深化党的机构改革，就是坚持依法执政，健全党领导依法治国的制度和工作机制；以法治的方式深化政府机构改革，就是行政机关行使权力、管理公共事务必须由法律授权并依据法律规定。

（二）深化政府机构改革的目标是建设职能科学、权责法定、执法严明、公开公正、廉洁高效、守法诚信的法治政府。如材料一所述，在依法治国、依法执政、依法行政共同推进中，法治政府建设是法治国家建设的关键。

（1）法治政府是建设法治国家的主体。一方面，政府承担了公共事务的功能，与人民各项权利保障紧密相关，国家治理的法治化很大程度取决于国家公共事务管理的法治化。另一方面，行政权力行使的特点是命令和服从，同时基于行政事务繁杂性和追求行政效率的特点，又赋予其一定的自由裁量权、行政优先权，这容易导致按个人意志行事，滥用权力并侵犯公民权利。所以在法治政府建设中控制好行政权，就为法治国家建设奠定了基础。

（2）建设法治政府有助于作为执政党的中国共产党依法执政。如材料二所述，依法执政就是用法治的理念、体制、程序改进党的领导方式和执政方式，推进依法执政制度化、规范化、程序化。通过建设法治政府，最终将提高党科学执政、民主执政、依法执政的水平，提高国家治理能力。总之，依法治国、依法执政、依法行政是一个有机整体。

（三）在新时代，法治政府建设的根本遵循是贯彻中国特色社会主义道路、理论体系和制度。为此，应当坚持在党的领导下，贯彻习近平新时代中国特色社会主义法治理论，建设法治政府。

（1）中国特色社会主义法治道路强调党的领导和社会主义法治的一致性。中国共产党的领导是中国特色社会主义最本质的特征，是社会主义法治最根本的保证。坚持党的领导，是社会主义法治的根本要求，是全面推进依法治国和建设法治政府的题中应有之义。只有在党的领导下建设法治政府，才能保障人民主体地位和各项权利。

（2）习近平新时代中国特色社会主义法治思想是马克思主义法律思想中国化的最新成果，是中国特色社会主义理论体系的重要组成部分，是建设社会主义现代化法治强国，建设法治政府的指导思想和行动指南。

（3）在贯彻中国特色社会主义制度上，法治政府建设要落实十九大报告中强调的深化依法治国实践，依法全面履行政府职能、健全依法决策机制、深化行政执法体制改革、坚持严格规范公正文明执法、强化对行政权力的制约和监督、全面推进政务公开。

总之，深化党和政府机构改革，可以通过法律上的职权、标准、程序、监督等方面的设置，保障各级政府依法行政，保障党依法执政，实现依法治国、依法执政、依法行政共同推进，推动实现“两个一百年”的奋斗目标和中华民族的伟大复兴。

难度：难

考点：全面依法治国的总目标、坚持中国共产党的领导、坚持从中国实际出发、建设法治政府的意义和基本要求

命题和解题思路：2018 年 2 月 28 日，中国共产党第十九届中央委员会第三次全体会议通过了《中共中央关于深化党和国家机构改革的决定》（下称《决定》）。《决定》指出，党和国家机构职能体系是中国特色社会主义制度的重要组成部分，是我们党治国理政的重要保障。深化党和国家机构改革是推进国家治理体系和治理能力现代化的一场深刻变革。但是，面

对新时代新任务提出的新要求，党和国家机构设置和职能配置同统筹推进“五位一体”总体布局、协调推进“四个全面”战略布局的要求还不完全适应，同实现国家治理体系和治理能力现代化的要求还不完全适应，其中的主要问题包括：一些领域党的机构设置和职能配置还不够健全有力，保障党的全面领导、推进全面从严治党的体制机制有待完善；一些政府机构设置和职责划分不够科学，职责缺位和效能不高问题凸显，政府职能转变还不到位；一些领域中央和地方机构职能上下一般粗，权责划分不尽合理；一些领域权力运行制约和监督机制不够完善，滥用职权、以权谋私等问题仍然存在等。为此，《决定》提出深化党和国家机构改革，目标是构建系统完备、科学规范、运行高效的党和国家机构职能体系，形成总揽全局、协调各方的党的领导体系，职责明确、依法行政的政府治理体系……全面提高国家治理能力和治理水平。进而，《决定》从完善坚持党的全面领导的制度、优化政府机构设置和职能配置、推进机构编制法定化等多个方面做出部署。

从十八大以来，中央领导集体就一直在高度强调一件事，即要注重改革的整体性、全局性和复杂性。这要求国家的法律制度供给满足这一要求，提供相应保障，形成多层面联动。在全面依法治国的总目标中，强调法治国家、法治政府、法治社会一体建设，依法治国、依法执政、依法行政共同推进体现的就是推进依法治国的整体性、系统性和协同性。所以，“一体建设”是理解中国特色社会主义法治理论基本原理的一个非常重要的方面。在两次全面依法治国委员会会议上，习近平总书记都强调了推进全面依法治国，要坚持法治国家、法治政府、法治社会一体建设。“法治政府”是“一体建设”中的重要方面，党的十八大提出到2020年基本建成法治政府。党的十九大在深化依法治国实践中继续强调建设法治政府，推进依法行政，严格规范公正文明执法。

所以，命题人在法治政府即将建成之际，结合深化党和国家机构改革问题，将该问题集中于党和政府机构改革上，考查法治政府建设在全面依法治国中的重要意义，并由此问题重申新时代法治政府建设的根本遵循。“根本遵循”是在阐述坚持从中国实际出发的基本原则时提出的，即中国特色社会主义道路、理论体系、制度是全面推进依法治国的根本遵循。这是立足我国国情，总结近代以来法治发展的曲折历程和世界各国法治道路作做出的唯一正确选择。因此，作为法治国家建设的关键，新时代法治政府建设的根本遵循也是中国特色社会主义道路、理论体系、制度。命题人借此考查了中国共产党的领导和法治的关系、习近平新时代中国特色社会主义法治理论、法治政府建设的基本制度举措，重申了走中国特色社会主义法治道路的重要性，并以此检验考生将重要知识点相互连接、灵活运用的能力。

形式上，该题采取的是材料分析题的命题方式，在材料上沿用了2018年以来的“三段材料”的形式；内容上，着重考查党和政府机构改革与依法治国所强调的依法执政、依法行政的关系，并以此思考法治政府建设在全面依法治国中的重要意义和新时代法治政府建设的根本遵循。考生需要遵循“认真阅读材料，准确解读内容；完整理解问题，把握逻辑关系；列出结构层次，展开逻辑分析”的方式，正确解题，即材料限定了答题方向，问题则指引了答题要点，框定了答题结构和层次。

先看材料并归纳重点：材料一引自习近平《在中央全面依法治国委员会第一次会议上的讲话》，强调的是在依法治国的系统工程中，关键在于党要坚持依法执政、各级政府要坚持依法行政，法治政府是建设法治国家的主体。材料二引自习近平总书记的文章《加快建设社会主义法治国家》，该文发表于《求是》杂志2015年第1期。这段话强调的是，党依法执政和各级政府依法行政对于依法治国的重要意义，并阐述了如何推进党依法执政和各级政府依法行政。材料三引自《中共中央关于深化党和国家机构改革的决定》，阐述的深化党和国家机构改革的目标，最终落脚点是全面提高国家治理能力和治理水平。结合问题，命题人要求考生抓住的逻辑关系是“深化党和政府机构改革旨在实现党依法执政、各级政府依法行政——为什么？（因为法治政府建设是法治国家建设的关键）——怎么办？（在法治政府建设中要贯彻中国特色社会主义道路、理论体系和制度）”，其中关键点是认识到“深化党和政府机构改革旨在实现党依法执政、各级政府依法行政”，并理解到党的领导和社会主义法治（包括法治政府建设）之间的一致性。这个一致性可以解释为什么将党和政府机关改革放在一起进行强调，也可以解释为什么依法治国、依法执政和依法行政构成一体建设和共同推进。

接下来将材料的内容和问题结合来看，需要回答的问题结构和层次是：深化党和政府机构改革的目标是什么？它和全面依法治国的关系是什么？以法治的方式深化党的机构改革和政府机构改革意味着什么？以此观之，法治政府建设在全面依法治国中的重要意义是什么？新时代法治政府建设的根本遵循是什么？

具体论述的逻辑展开是：

首先，根据题目要求，结合材料首先阐述深化党和政府机构改革的目标在于提高国家治理能力和治理水平的现代化。在改革与法治的关系上，依法治国是实现国家治理体系和治理能力现代化的必然要求，因此必然要用法治的方式推进党和政府机构改革。进而阐述以法治的方式深化党的机构改革和政府机构改革的含义，凸显深化党和政府机构改革旨在实现党依法执政、各级政府依法行政。

其次，结合题目要求，其次阐述为什么深化党和政府机构改革旨在实现党依法执政、各级政府依法行政，即分析为什么法治政府建设是法治国家建设的关键，也即法治政府建设在全面依法治国中的重要意义。

再次，根据题目要求，阐述如何深化党和政府机构改革，实现党依法执政、各级政府依法行政。这就是要论述新时代法治政府建设的根本遵循，即贯彻中国特色社会主义道路、理论体系和制度，也即坚持在党的领导下，贯彻习近平新时代中国特色社会主义法治理论，建设法治政府，实现依法行政和依法执政。

最后，可以用一两句话总结论述。

答案解析：

这道题三个分论题之间并非并列关系，因此没有选取“总—分—总”的论述方式，而是采取了层层推进的方式。

第一部分以开门见山的方式，直接阐述对深化党和政府机构改革的认识。关于深化党和政府机构改革，可以谈的内容很多，可重点是什么？这就需要结合题目以及材料加以确定。结合材料，深化党和政府机关改革的目标是构建系统完备、科学规范、运行高效的党和国家机构职能体系，提高国家治理能力和治理水平的现代化。但是，这一改革目标和全面依法治国的关系是什么？所以，需要通过“全面依法治国是实现国家治理体系和治理能力现代化的必然要求”，将改革与法治的关系加以阐明，并进而转到以法治的方式深化党的机构改革和政府机构改革的具体含义上。以法治的方式深化党的机构改革，就是要坚持依法执政，健全党领导依法治国的制度和工作机制；以法治的方式深化政府机构改革，就是行政机关行使行政权力、管理公共事务必须由法律授权并依据法律规定。这样就凸显了“深化党和政府机构改革旨在实现党依法执政、各级政府依法行政”这一主题，为下面的论述奠定了基础。

第二部分论述法治政府建设在全面依法治国中的重要意义。这实际上是在回答“为什么深化党和政府机构改革旨在实现党依法执政、各级政府依法行政”，即分析“为什么法治政府建设是法治国家建设的关键”。需要注意的是，因为题目要求的是“结合你对深化党和政府机构改革的认识，谈谈法治政府建设在全面依法治国中的重要意义”，所以，在这一部分不能单单从依法行政的角度讨论法治政府建设的意义，还要将其和推进党依法执政联系起来展开论述，即凸显出“共同推进”的意义。所以，在展开论述时，大家可以从两方面进行：

第一方面是依法行政对依法治国的意义。这一部分的论点是较为开放性的，大家也可以结合行政法中的原理作答。其中的要点包括：第一，行政机关是公共管理机关，政府承担的是社会公共事务管理的职能，其与人民各项权利的保障紧密相关。行政权不仅能够改变社会的资源分配，控制城市的人口规模，影响公用事业的侧重领域，左右不同产业的发展方向，也能够影响每一个公民的生活和切身利益，例如升学、就业、结婚、迁徙、安居等。所以，行政机关必须坚持依法行政，而国家治理的法治化也很大程度取决于国家公共事务管理的法治化。第二，分析在国家权力体系中，行政权力行使的特点是命令和服从，同时基于行政事务繁杂性和追求行政效率的特点，又赋予其行政优先权和自由裁量权，这使人们容易倾向于按个人意志行事，容易滥用权力并侵犯公民权利。然后论证法治的实质是权力控制和权利保障，在法治政府建设中控制好行政权，就为法治国家建设奠定了基础。

第二方面是依法行政对依法执政的意义。此处的基本观点是，因为中国共产党是执政党，所以通过建设法治政府，最终将提高党科学执政、民主执政、依法执政的水平，提高国家治理体系和治理能力。所以，建设法治政府促使和有助于作为执政党的中国共产党依法执政，即用法治的理念、体制、程序改进党的领导方式和执政方式，推进依法执政制度化、规范化、程序化。总之，依法治国、依法执政、依法行政是一个有机整体。

第三部分论述新时代法治政府建设的根本遵循。这实际上是在回答如何深化党和政府机构改革，从而实现党依法执政、各级政府依法行政。全面依法治国的根本遵循是中国特色社会主义道路、理论体系、制度，因此作为法治国家建设的关键，新时代法治政府建设的根本遵循也是中国特色社会主义道路、理论体系、制度。具体来说，建设法治政府应当坚持在党的领导下，贯彻习近平新时代中国特色社会主义法治理论，建设法治政府。

第一，遵循中国特色社会主义道路建设法治政府。在十九大报告中，将新时代坚持和发展中国特色社会主义概括出“十四个坚持”的基本方针方略。但是对于回答问题来说，仍然要紧扣题目要求，即“结合深化党和政府机构改革，谈谈新时代法治政府建设的根本遵循”，这就凸显了“坚持党对一切工作的领导”这一坚持的重要性。所以，这一部分论述的重点就是中国特色社会主义法治道路强调党的领导和社会主义法治的一致性。

第二，遵循习近平新时代中国特色社会主义法治思想建设法治政府。这是因为，习近平新时代中国特色社会主义法治思想是马克思主义法律思想中国化的最新成果，是中国特色社会主义理论体系的重要组成部分，是建设社会主义现代化法治强国，建设法治政府的指导思想和行动指南。

第三，遵循中国特色社会主义制度建设法治政府。所以，法治政府建设要落实十九大报告中强调的深化依法治国实践，依法全面履行政府职能、健全依法决策机制、深化行政执法体制改革、坚持严格规范公正文明执法、强化对行政权力的制约和监督、全面推进政务公开。

最后，总结论述，阐述深化党和政府机构改革对于保障各级政府依法行政，保障党依法执政，实现依法治国、依法执政、依法行政共同推进的意义，对主题进行回应和深化。

总之，在论证中要注意言之有据，论证充分，达到观点明确、逻辑严谨、条理清晰、文字通顺、感情充沛等方面的要求。

2018 年[1]

一、试题

扫一扫 看微课视频

材料一：中国特色社会主义法治道路，是社会主义法治建设成就和经验的集中体现，是建设社会主义法治国家的唯一正确道路。在走什么样的法治道路问题上，必须向全社会释放正确而明确的信号，指明全面推进依法治国的正确方向，统一全党全国各族人民认识和行动。（摘自习近平：《关于〈中共中央关于全面推进依法治国若干重大

① 作者注：本题系作者在综合网上考生回忆版的基础上，按照真题标准改造而成。

问题的决定〉的说明》）

材料二：改革和法治如鸟之两翼、车之两轮。我们要坚持走中国特色社会主义法治道路，加快构建中国特色社会主义法治体系，建设社会主义法治国家。全面依法治国，核心是坚持党的领导、人民当家作主、依法治国有机统一，关键在于坚持党领导立法、保证执法、支持司法、带头守法。要在全社会牢固树立宪法法律权威，弘扬宪法精神，任何组织和个人都必须在宪法法律范围内活动，都不得有超越宪法法律的特权。（摘自习近平：《在庆祝中国共产党成立95周年大会上的讲话》）

材料三：中国各族人民将继续在中国共产党领导下，在马克思列宁主义、毛泽东思想、邓小平理论、“三个代表”重要思想、科学发展观、习近平新时代中国特色社会主义思想指引下，坚持人民民主专政，坚持社会主义道路，坚持改革开放，不断完善社会主义的各项制度，发展社会主义市场经济，发展社会主义民主，健全社会主义法治，贯彻新发展理念，自力更生，艰苦奋斗，逐步实现工业、农业、国防和科学技术的现代化，推动物质文明、政治文明、精神文明、社会文明、生态文明协调发展，把我国建设成为富强民主文明和谐美丽的社会主义现代化强国，实现中华民族伟大复兴。（摘自2018年3月11日第十三届全国人民代表大会第一次会议通过的《中华人民共和国宪法修正案》）

问题：

请根据材料，结合自己的实际工作和学习，谈谈坚定不移走中国特色社会主义法治道路的核心要义。

答题要求：

（1）无观点或论述、照搬材料原文的不得分；

（2）观点正确，表述完整、准确；

（3）总字数不得少于600字。

二、答案精讲

请根据材料，结合自己的实际工作和学习，谈谈坚定不移走中国特色社会主义法治道路的核心要义。

答案要点：

（一）全面推进依法治国必须坚定不移走中国特色社会主义法治道路。

中国特色社会主义法治道路的核心要义包括三个方面：坚持党的领导；坚持中国特色社会主义制度；贯彻中国特色社会主义法治理论。

（二）这三个方面，规定和确保了中国法治建设的内在属性和前进方向：

（1）党的领导是中国特色社会主义最本质的特征，是社会主义法治最根本的保证。坚持党的领导也是全面推进依法治国的基本原则之一，这是我国社会主义法治建设的一条基本经验。我国宪法确立了中国共产党的领导地位。坚持党的领导，是社会主义法治的根本要求，是全面推进依法治国的题中应有之义，党对法治的领导体现在党领导立法、保证执法、支持司法、带头守法。

（2）中国特色社会主义制度是中国特色社会主义法治体系的根本制度基础，是全面推进依法治国的根本制度保障。这是中国特色社会主义法治道路区别于西方资本主义宪政道路的根本标志之一。以宪法为核心的中国特色社会主义法律体系，就是对中国特色社会主义制度法律化、法制化。应当在此基础上实现科学立法、民主立法，依法立法，实现严格规范公正文明执法，实现公正司法。

（3）中国特色社会主义法治理论是中国特色社会主义法治体系的理论指导和学理支撑，是全面推进依法治国的行动指南。贯彻中国特色社会主义法治理论，要坚持马克思主义法学思想的指导。习近平新时代中国特色社会主义法治思想是马克思主义法律思想中国化的最新成果，应当发展符合中国实际、具有中国特色、体现社会发展规律的社会主义法治理论，既与时俱进、体现时代精神，又决不照搬外国法治理念和模式。

（三）在工作和学习中，贯彻中国特色社会主义法治道路的核心要义，就是……（此处考生可主观发挥，从略）

总之，三者紧密联系，构成一个有机的整体，从根本上划清了我国社会主义法治与西方所谓“宪政”的本质区别，彰显了我们党的道路自信、理论自信、制度自信，对于全党全国各族人民在走什么样的法治道路问题上统一认识和行动具有重大指导意义。

难度：中

考点：全面依法治国的指导思想和总目标、坚持中国共产党的领导、习近平新时代中国特色社会主义法治思想是马克思主义法律思想中国化的最新成果

命题和解题思路：2014 年 10 月 23 日，中国共产党第十八届中央委员

会第四次全体会议通过了《中共中央关于全面推进依法治国若干重大问题的决定》（以下简称《决定》），对全面推进依法治国、建设社会主义法治国家作出了整体部署。《决定》是我国进入全面建成小康社会决定性阶段，和全面深化改革进入攻坚期、深水区召开的关于全面依法治国的专门会议的决议文件。随后，习近平在《关于〈中共中央关于全面推进依法治国若干重大问题的决定〉的说明》中，阐释了全会决定起草的背景和过程、全会决定的总体框架和主要内容、需要说明的若干问题。在这些问题中，居于首位的就是党的领导和依法治国的关系。正是在对这个问题的阐述中，习近平提出了中国特色社会主义法治道路的核心要义，具体来说，就是"党的领导是中国特色社会主义最本质的特征，是社会主义法治最根本的保证。中国特色社会主义制度是中国特色社会主义法治体系的根本制度基础，是全面推进依法治国的根本制度保障。中国特色社会主义法治理论是中国特色社会主义法治体系的理论指导和学理支撑，是全面推进依法治国的行动指南。这三个方面实质上是中国特色社会主义法治道路的核心要义，规定和确保了中国特色社会主义法治体系的制度属性和前进方向"。

2018 年是法律职业资格考试新纪元的第一年。在法考时代，法治理论主观题怎么考是通过这一年的考题来定基调和方向的。在全面依法治国的法治工作队伍建设上，《决定》提出的要求是"提高法治工作队伍思想政治素质、业务工作能力、职业道德水准，着力建设一支忠于党、忠于国家、忠于人民、忠于法律的社会主义法治工作队伍"。可以说，法考主观题卷在法治理论上的命题，就是为了考查考生的"思想政治素质"，确保未来的法治工作队伍人才忠于党、国家和人民，忠于社会主义法治事业，具有正确的政治方向、坚定的政治立场和较高的政治素质。这道题不同于司考时代法治理论的常见提问方式，以单一考点的形式命题，并且要求考生结合"工作和学习"来谈谈自己的体会，充分显明了考查的政治取向。在考点选择上，则是围绕"全面依法治国的总目标"中的第一句话，即"在中国共产党领导下，坚持中国特色社会主义制度，贯彻中国特色社会主义法治理论"，也即"中国特色社会主义法治道路的核心要义"来命题，可谓考的是重点中的重点。命题人借此考查了中国共产党的领导和法治的关系、习近平新时代中国特色社会主义法治理论等若干重点考点，在考生的工作和学习体会中申明中国特色社会主义法治道路的核心要义，可谓考得巧妙。

在形式上，该题仍坚持法考传统，采取材料分析题的命题方式。但是与以往不同的是，材料从两段增加为三段，提高了难度。内容上，命题人着重考查中国特色社会主义法治道路核心要义三个方面的具体内涵及其理论指向。考生需要遵循的解题思路是“认真阅读材料，准确解读内容；完整理解问题，把握逻辑关系；列出结构层次，展开逻辑分析”，即材料限定了答题方向，问题则指引了答题要点，框定了答题结构和层次。

先看材料并归纳重点：材料一引自习近平《关于〈中共中央关于全面推进依法治国若干重大问题的决定〉的说明》，强调了中国特色社会主义法治道路不同于西方的法治道路，并申明中国特色社会主义法治道路“是建设社会主义法治国家的唯一正确道路”。材料二引自习近平《在庆祝中国共产党成立95周年大会上的讲话》，这段讲话点明了全面依法治国和坚持党的领导之间的关系。同时，作为三段材料的第二段，向上承接回答了材料一中提出的问题，向下引出宪法修改的重点内容。材料三引自2018年3月11日第十三届全国人民代表大会第一次会议通过的《中华人民共和国宪法修正案》，是对原宪法序言第七自然段修改后的表述。这段话的信息量比较大，但是如果考生对宪法修改内容比较熟悉，就能抓住其中的重点：在指导思想上增加了“科学发展观、习近平新时代中国特色社会主义思想”，并且通过增写“贯彻新发展理念”“推动社会文明、生态文明协调发展”，改写“把我国建设成为富强民主文明和谐美丽的社会主义现代化强国，实现中华民族伟大复兴”使对中国特色社会主义制度的概括更加完善，以及重申要继续在“中国共产党领导下”实现这一目标。

结合问题可以看到：这道题的设问很简单，不涉及不同考点之间的联系。考生正确答题的关键就是，是否能准确把握“中国特色社会主义法治道路的核心要义”。这一考点在“全面依法治国的总目标”中体现出来：即在对“建设中国特色社会主义法治体系，建设社会主义法治国家”进行具体阐释时，第一句话就是“在中国共产党领导下，坚持中国特色社会主义制度，贯彻中国特色社会主义法治理论”。如果考生并不知道中国特色社会主义法治道路的核心要义，可以从材料的交代里进行推测和提炼，这就集中体现在材料二和材料三的丰富表述内容里。而材料一对中国特色社会主义法治道路不同于西方的法治道路的强调，有助于考生思考这种不同到底体现在哪些方面？因为这些不同方面恰恰就是中国特色社会主义法治道路的核心要义，所以这一思考路径有助于考生提炼出中国共产党领导、中国特色社会主义制度、中国特色社会主义法治理论这三个要点。这道题是单一考点提问，因此逻辑链条就是“总述核心要义一分述核心要义各方面一总结陈述深化主题”，答题要点是将“在中国共产党领导下，坚持中国特色社会主义制度，贯彻中国特色社会主义法治理论”与全面依法治国的具体实践相结合进行阐述。

接下来将材料和问题的内容结合起来，需要回答的问题结构和层次是：中国特色社会主义法治道路核心要义的三个方面是并列关系，在论述时可以采取“总—分—总”的方式进行。中国特色社会主义法治道路的核心要义是什么？坚持党的领导、坚持中国特色社会主义制度、贯彻中国特色社会主义法治理论的含义和要求分别是什么？这三个方面如何规定和确保了中国法治建设的内在属性和前进方向？

具体论述的逻辑展开是：

（1）阐明中国特色社会主义法治道路核心要义的内容。

（2）分述坚持党的领导、坚持中国特色社会主义制度、贯彻中国特色社会主义法治理论的含义和要求。这时可以适当结合自己的学习和工作谈谈，可以和中国特色社会主义法治理论及其相关制度举措结合。

（3）总结坚持党的领导，坚持中国特色社会主义制度，贯彻中国特色社会主义法治理论，三者紧密联系，构成一个有机的整体，从根本上划清了我国社会主义法治与西方所谓“宪政”的本质区别。通过总结强化论证。

答案解析：

在第一部分应当首先阐明全面推进依法治国必须坚定不移走中国特色社会主义法治道路。然后点出中国特色社会主义法治道路的核心要义包括三个方面，分别是坚持党的领导，坚持中国特色社会主义制度，贯彻中国特色社会主义法治理论。这时，可以把这三个方面的关系进行扼要概括，强调这三方面是党领导全国人民全面推进依法治国方略、建设社会主义法治国家的根本遵循，必须牢牢把握，始终坚持。

第二部分分述中国特色社会主义法治道路核心要义的三个方面。大家可以分为三点阐述，也可以在一个大点“（二）”下以三个分论点“（1）、（2）、（3）”进行阐述。具体来说：

在坚持党的领导部分，要强调党的领导是中国特色社会主义最本质的特征，是社会主义法治最根本的保证。接下来，可以结合“坚持党的领导是全面推进依法治国的基本原则”来阐述党的领导的重要意义和具体要求，例如表明党的领导是我国社会主义法治建设的一条基本经验；我国宪法确立了中国共产党的领导地位；坚持党的领导，是社会主义法治的根本要求，是党和国家的根本所在、命脉所在，是全国各族人民的利益所系、幸福所系，是全面推进依法治国的题中应有之义。结合工作和学习，可以探讨如何在各项工作和学习中贯彻党的领导，要点是党同法治不是对立的关系，而是根本一致、内在统一的关系。

在坚持中国特色社会主义制度部分，要强调中国特色社会主义制度是中国特色社会主义法治体系的根本制度基础，是全面推进依法治国的根本制度保障。接下来，可以说明坚持中国特色社会主义制度是中国特色社会主义法治道路区别于西方资本主义宪政道路的根本标志之一。然后再把这一点拉到全面推进依法治国上，说明以宪法为核心的中国特色社会主义法律体系，就是对以中国共产党的领导为核心的中国特色社会主义制度法律化、法制化。这时，可以结合工作和学习，谈谈如何在中国特色社会主义制度的基础上，进行各项工作，例如如何进行科学立法、民主立法，体现和反映社会主义建设的规律，反映人民的意志；如何坚持严格规范文明执法，依法全面履行政府职能；如何推进公正司法，保障人民群众参与司法；如何推进多层次多领域依法治理，健全依法维权和化解纠纷机制，完善和发展中国特色社会主义事业。

在贯彻中国特色社会主义法治理论部分，要强调中国特色社会主义法治理论是中国特色社会主义法治体系的理论指导和学理支撑，是全面推进依法治国的行动指南。然后阐明贯彻中国特色社会主义法治理论，应当坚持马克思主义法学思想的指导。这时可以回应2018年的新增考点，即习近平新时代中国特色社会主义法治思想是马克思主义法律思想中国化的最新成果，并适当展开阐述。最后可以回应主题，论述必须从我国基本国情出发，同改革开放不断深化相适应，总结和运用党领导人民实行法治的成功经验，围绕社会主义法治建设重大理论和实践问题，推进法治理论创新。

对于结合工作和学习谈谈部分，可以选择两种方式：一种方式是在上面每一点中阐述后谈谈；一种方式是用一个第三部分集中谈谈。两种方式都可以。

最后，对前面的论述进行总结，概括坚持党的领导，坚持中国特色社会主义制度，贯彻中国特色社会主义法治理论，三者紧密联系，构成一个有机的整体，从根本上划清了我国社会主义法治与西方所谓“宪政”的本质区别。最后可以用一两句话对论述进行深化和升华。

总之，在论证中要注意言之有据，论证充分，达到观点明确、逻辑严谨、条理清晰、文字通顺、感情充沛等方面的要求。

2017 年

一、试题

扫一扫 看微课视频

材料一：法律本来应该具有定分止争的功能，司法审判本来应该具有终局性的作用，如果司法不公、人心不服，这些功能就难以实现……我们提出要努力让人民群众在每一个司法案件中都感受到公平正义，所有司法机关都要紧紧围绕这个目标来改进工作，重点解决影响司法公正和制约司法能力的深层次问题。（**摘自习近平：《第十八届中央政治局第四次集体学习时的讲话》**）

材料二：新华社北京 2017 年 5 月 3 日电：中共中央总书记、国家主席、中央军委主席习近平 3 日上午来到中国政法大学考察。习近平指出，我们有我们的历史文化，有我们的体制机制，有我们的国情，我们的国家治理有其他国家不可比拟的特殊性和复杂性，也有我们自己长期积累的经验和优势。

问题：

请根据材料一和材料二，结合自己对中华法文化中“天理、国法、人情”的理解，谈谈在现实社会的司法、执法实践中，一些影响性裁判、处罚决定公布后，有的深获广大公众认同，取得良好社会效果，有的则与社会公众较普遍的认识有相当距离，甚至截然相反判断的原因和看法。

答题要求：

（1）无观点或论述、照搬材料原文的不得分；

（2）观点正确，表述完整、准确；

（3）总字数不少于 500 字。

二、答案精讲

请根据材料一和材料二，结合自己对中华法文化中“天理、国法、人情”的理解，谈谈在现实社会的司法、执法实践中，一些影响性裁判、处罚决定公布后，有的深获广大公众认同，取得良好社会效果，有的则与社会公众较普遍的认识有相当距离，甚至截然相反判断的原因和看法。

答案要点[①]**：**

一、中国有数千年的文化传统，天理、国法、人情都体现了扎根于人们心中的正义观念。其中，天理反映的是社会普遍正义；国法是国家机关制定或认可的行为规范体系；人情则是人民群众的朴素情感和基本的道德诉求。在中华法文化中，情是基础，理为本，法为末。不仅立法中要“上稽天理、下揆人情”，在法的实施中也要“准情酌理”，处断平允。可以说，在天理、国法、人情中强调的是法治和德治相得益彰。

二、中国法律现代化的过程是立法主导型的，法律体系在很大程度上是通过移植西方国家的法律规则和制度，自上而下建立的。借鉴外来法律资源生成的法律在本土化的过程中会遇到问题。在实践中之所以存在法律效果和社会效果之间的差距，原因在于：

（1）有的法律在制定中没有充分考虑中国的现实国情，而司法、执法人员在适用法律中，又僵硬地依据规则裁判；

（2）在适用法律时，释法说理不够透彻清晰，没有阐明个案依据的法律规则所蕴含的法理和制度价值，导致裁判结果不被人民群众认同；

（3）没有法律至上的法治传统。在法治意识不强的情况下，出现片面追求社会效果的问题，或领导干部干预司法等问题，结果导致执法不公、司法不公。

三、为了改变这种情况，可从以下几方面完善，形成舆论和司法的良性互动，凝聚社会共识：

（1）深入推进科学立法、民主立法。如健全法律法规规章草案公开征求意见和公众意见采纳情况反馈机制，广泛凝聚社会共识。

（2）在适用法律的过程中，探讨和实现法、理、情的有机结合。如将个案的审判置于天理、国法、人情之中综合考量，以论证说理彰显执法/司法的理性，以情理展示执法/司法的良知。

（3）贯彻法治原则，坚持规范公正执法、推进严格司法。既要以事实为根据，以法律为准绳，也要注意分析案件发生的深层原因，兼顾法律正义和社会正义。

难度：难

① 答案部分内容参考了最高人民法院副院长沈德咏在山东省济南市主持召开刑事审判工作调研座谈会上的讲话内容。

考点：坚持从中国实际出发；坚持依法治国和以德治国相结合；深入推进科学立法和民主立法；建设法治政府的意义和基本要求；公正司法的意义和基本要求

命题和解题思路：平遥县城的县衙是中国目前保存最完整的古代县衙之一。县衙大堂的匾上书有"明镜高悬"，二堂的匾上书有"天理、国法、人情"。大堂的匾位于县太爷座位顶上，是给天下人看的；二堂的匾位于座位对面，是给断狱县丞看的。从2009年"邓玉娇案"到2018年"昆山龙哥案"，人们都在国法之外讨论天理和人情。2017年4月5日，最高人民法院副院长沈德咏在山东省济南市主持召开刑事审判工作调研座谈会上的讲话，主题也是"坚持依法独立审判，个案判决要综合考量天理国法人情"。命题人取材于此，以"天理国法人情"为主线，串起多个考点，既有宏观的依法治国的基本原则，又有这些基本原则在法律制定和实施具体环节上的要求。平时考生既要打好基本功，也应当多关注热点案件和新闻报道，融会贯通理解中国特色社会主义法治理论的内容。

在形式上，该题采取了材料分析题的命题方式；在内容上，命题人着重考查如何理解法律效果和社会效果之间的差距。考生既要分析其"原因"，也要在"看法"部分进一步分析如何拉近二者之间的差距。

法治理论论述题解题的思路是"认真阅读材料，准确解读内容；完整理解问题，把握逻辑关系；列出结构层次，展开逻辑分析"，即材料限定了答题方向，问题则指引了答题要点，框定了答题结构和层次：

第一步先看材料：材料一从司法的角度指出司法不公使法律定分止争的功能难以实现，也导致人心不服，进而框定需要解决"影响司法公正和制约司法能力的深层次问题"。材料二出自习近平在中国政法大学考察时的讲话，强调在国家治理中要从中国的历史和现实国情出发，从中国实际出发。

第二步结合问题可以看到：材料二是线，考生需要思考在法治建设中哪些方面没有从历史和现实国情出发（对应问题中的国法与天理人情之间的张力），进而串联起由材料一引申出来的问题。命题人要求考生抓住的逻辑关系是"中华法文化中的'天理国法人情'有其合理之处——国法与天理人情之间的张力导致执法/司法实践中法律效果和社会效果之间的差距——如何看待并拉近这种差距"，其关键点是法的观念是被塑造出来的，它不能超越于置身其中的文化。因此需要准确认识到中国外源型法的现代化，把握国法和人们的共同理性和共同情感之间的隔阂，分析法律在本土化的过程中，在适用时存在的问题及解决路径。

第三步思考需要回答的问题结构和层次：中华法文化中的“天理国法人情”指的是什么？其合理之处在哪里？我国法的现代化的特点是什么(外源型法的现代化)？在这种背景下，立法、执法、司法中法律和天理人情之间的张力如何引发问题？如何解决这些问题？

具体论述的逻辑展开是：

首先，阐述中华法文化中的“天理国法人情”，并说明其合理之处。主旨是：法律作为刚硬的规则体系，在适用过程中需要兼顾天理和人情，才能纠正可能存在的偏差。这是一种法治和德治相结合的思想。

其次，结合中国外源型法的现代化的问题，分析我国司法和执法实践中，一些裁判、处罚决定获得认同，社会效果良好，一些遭到质疑，引发舆论争议的原因。可以从立法、执法和司法、公权力行使等角度展开分析。

最后，论述如何看待这种差距，从哪些方面可以拉近这种差距，如通过科学立法和民主立法，通过在适用法律的过程中加强裁判文书的说理，运用多种法律方法，通过坚持依法行政、确保独立公正行使司法权等。

答案解析：

一、法的观念是被塑造出来的，它不能超越于置身其中的文化。举凡文明社会，都保有自己的独特价值观念和处理问题的方式。在中华法文化中，有“王法本乎人情”之说，法律在制定和适用的过程中要做到“尽情适理”。国法是国家机关制定或认可并依靠国家强制力保证实施的，以确认、保护和发展对统治阶级有利的社会关系和社会秩序为目的的行为规范体系。法律作为刚硬的规则体系，在适用过程中需要兼顾天理和人情，才能纠正可能存在的偏差。天理代表天道，是自然律令、公理和正义；人情代表百姓的道德情感、良知和朴素的正义观。这是一种法治和德治相结合的思想。

二、这里要先点明中国法的现代化是外源型的，这种法律不是自然而然生长于社会缓慢的、渐进的发展中，不是人们在社会生活中自然而然生发的规则，因此和人们的共同理性和共同情感之间存在隔阂。然后再逐一分析法律在本土化的过程中，在适用时存在的问题。第一，在立法不能反映中国的现实和国情时，如果僵硬地依据规则裁判，就会引发质疑。第二，执法者或者司法者如果释法说理不够透彻清晰，没有体现出综合考量天理、国法、人情，也会引发误解。第三，在公权力持有者自身法治意识不强、对规则缺乏认知的情况下，会出现假借天理人情遮掩私人感情，干预司法的问题，违背社会主义法治原则，导致执法不公、司法不公。

三、可以从以下这些方面拉近这种差距：

第一，通过科学立法和民主立法，通过法律的修改和完善，建立更为合理的社会秩序意义脉络，使人们在规范领域内可以找到对法律所确立的价值体系和秩序安排的认同。这是使法首先是良法，体现“上稽天理、下揆人情”。

第二，推进依法治国不仅是一种制度的改造和治理技术的改进，更是一种价值构建。执法和司法机关在适用法律的过程中，应当加强裁判文书的说理，运用法律解释、法律推理、法律论证等法律方法，既阐明法理，又兼顾情理，形成舆论与司法的良性互动，让人民群众从内心认可并支持司法机关依法作出的裁判。

第三，法治与德治相结合，在执法/司法活动中依据国法，又兼顾天理和人情，并不等于片面追求社会效果而牺牲法律效果，更不等于这可以成为干预司法的理由。要坚持依法行政、确保独立公正行使司法权，坚持以事实为根据，以法律为准绳，通过每一个案件宣传法治观念、普及法律知识、推进法治进程。只有公正高效，而不是一味顺从舆论或仅体现私人情感的执法和司法，才能赢得人民群众的信任，才能使人民群众对权利保障有更多获得感，对法治建设有更多参与感。

2016 年

一、试题

扫一扫 看微课视频

材料一： 平等是社会主义法律的基本属性。任何组织和个人都必须尊重宪法法律权威，都必须在宪法法律范围内活动，都必须依照宪法法律行使权力或权利、履行职责或义务，都不得有超越宪法法律的特权。必须维护国家法制统一、尊严、权威，切实保证宪法法律有效实施，绝不允许任何人以任何借口任何形式以言代法、以权压法、徇私枉法。必须以规范和约束公权力为重点，加大监督力度，做到有权必有责、用权受监督、违法必追究，坚决纠正有法不依、执法不严、违法不究行为。（摘自《中共中央关于全面推进依法治国若干重大问题的决定》）

材料二： 全面推进依法治国，必须坚持公正司法。公正司法是维护社会公平正义的最后一道防线。所谓公正司法，就是受到侵害的权利一定会得到保护和救济，违法犯罪活动一定要受到制裁和惩罚。如果人民群众通过司法程序不能保证自己的合法权利，那司法就没有公信力，人民群众也不会相信司法。法律本来应该具有定分止争的功能，司法审判本来应该具有终局性的作用，如果司法不公、人心不服，这些功能就难以实现。（摘自习近平：《在十八届中央政治局第四次集体学习时的讲话》）

问题：

根据以上材料，结合依宪治国、依宪执政的总体要求，谈谈法律面前人人平等的原则对于推进严格司法的意义。

答题要求：

（1）无观点或论述、照搬材料原文的不得分；

（2）观点正确，表述完整、准确；

（3）总字数不得少于400字。

二、答案精讲

根据以上材料，结合依宪治国、依宪执政的总体要求，谈谈法律面前人人平等的原则对于推进严格司法的意义。

答案要点：

一、坚持依法治国首先要坚持依宪治国，坚持依法执政首先要坚持依宪执政。宪法是国家的根本大法，是党和人民意志的集中体现，全国各族人民、一切国家机关和武装力量、各政党和各社会团体、各企业事业组织，都必须以宪法为根本活动准则。依宪治国、依宪执政必须贯彻法律面前人人平等的原则：一方面，宪法法律对所有公民和组织的合法权利予以平等保护，对受侵害的权利予以平等救济；另一方面，任何个人都不得有超越宪法法律的特权，一切违反宪法法律的行为都必须予以纠正和追究。

二、平等是社会主义法律的基本属性，是社会主义法治的根本要求，严格司法是法律面前人人平等原则在司法环节的具体表现。公正是法治的生命线，司法公正对社会公平正义具有重要引领作用。正如习近平总书记所说，司法不公、司法不严对社会公平正义和司法公信力具有致命破坏作用。坚持法律面前人人平等，意味着人民群众的诉讼权利在司法程序中应得到平等对待，人民群众的实体权利在司法裁判中得到平等保护。只有让人民群众在每一个司法案件中感受到公平正义，人民群众才会相信司法，司法才具有公信力。

三、坚持法律面前人人平等的原则，对于严格司法提出了更高的要求：首先，司法机关及其工作人员在司法过程中必须坚持以事实为根据、以法律为准绳，坚持事实认定符合客观真相、办案结果符合实体公正、办案过程符合程序公正，统一法律适用的标准，避免同案不同判，实现对权利的平等保护和对责任的平等追究。其次，推进以审判为中心的诉讼制度改革，全面贯彻证据裁判规则，确保案件事实证据经得起法律检验，确保诉讼当事人受到平等对待，绝不允许法外开恩和法外施刑。再次，司法人员工作职责、工作流程、工作标准必须明确，办案要严格遵循法律面前人人平等的原则，杜绝对司法活动的违法干预，办案结果要经得住法律和历史的检验。

难度： 难

考点： 健全宪法实施和监督制度；坚持法律面前人人平等；推进严格司法

命题和解题思路： 2016年是第二年以《决定》全文对“中国特色社会主义法治理论”进行考查。在论述题中，命题人仍然选取从宏观视角“提纲挈领”进行考查，重点落在“推进全面依法治国基本原则”中的“坚持法律面前人人平等”的原则。在具体考查上，为了提高考查的深度和广度，避免过于抽象的理论阐述，命题人将这一原则具体到司法领域，并和健全宪法实施这一考点进行结合，提高了该题的难度（依宪治国、依宪执政的总体要求隐藏在“健全宪法实施”这一考点中，考生备考时未必注意到）。由于《决定》首次提出“严格司法”的要求，它体现了对司法性质和规律认识的科学化和理性化，是树立司法公信和权威的重要举措，所以命题人在司法领域选择“推进严格司法”这一考点。

从形式上，该题依然采取的是材料分析题的命题方式。从内容上，命题人通过两段材料之后的问题，设计了考查重点。

法治理论论述题解题的思路是“认真阅读材料，准确解读内容；完整理解问题，把握逻辑关系；列出结构层次，展开逻辑分析”。材料限定了答题方向，问题则指引了答题要点，框定了答题结构和层次：

第一步先看材料：材料一出自《决定》“总论”部分，在“总论”中《决定》指出，为了实现全面推进依法治国的总目标，必须坚持五项基本原则，其中一项原则是“坚持法律面前人人平等”的原则。材料一的内容是对这一原则的具体阐述。材料二出自2013年2月习近平《在十八届中央政治局第四次集体学习时的讲话》，所引的内容是关于“坚持公正司法”。和材料一相比，材料二更为具体和有针对性，公正司法的内涵之一就是在法律适用中坚持人人平等。

第二步结合问题，这道题一是考查考生能否将依宪治国、依宪执政的总体要求和“法律面前人人平等”结合起来；二是考查考生能否将法律面前人人平等的原则具体运用到司法领域，论述如何通过在司法中坚持人人平等而推进严格司法，实现司法公正。命题人要求考生抓住的逻辑链条是“依宪治国、依宪执政—具体到司法领域—具体到严格司法必须贯彻法律面前人人平等的原则”，其关键点是依宪治国、依宪执政必须贯彻法律面前人人平等的原则，进而严格司法是法律面前人人平等原则在司法环节的具体表现，再进而坚持法律面前人人平等的原则，对严格司法提出更高的要求。

第三步根据题目要求，需要回答的问题结构和层次是：依宪治国、依宪执政的总体要求是什么？宪法中“法律面前人人平等”原则的内涵是什么？（二者结合：坚持依宪治国、依宪执政，必须贯彻法律面前人人平等的原则）司法是治国执政的一个领域，在司法领域体现“法律面前人人平等”的原则意味着什么？“法律面前人人平等”对严格司法的意义和要求是什么？

具体论述的逻辑展开是：

首先，阐述依宪治国、依宪执政的总体要求，在宪法背景下，论述“法律面前人人平等”原则的内涵。一是论证宪法是公民权利的守护神，“法律面前人人平等”是宪法中的规定，也是宪法上的要求，依宪治国、依宪执政意味着在治国和执政中，必须贯彻“法律面前人人平等”的原则，平等地保护免遭侵害的权利，平等地追究违反宪法法律的责任。二是论证宪法规定国家机构的组织形态及其权限，依宪治国、依宪执政意味着公权力在行使过程中，不能侵犯宪法对公民的平等保障。

其次，将“法律面前人人平等”的原则适用到司法领域进行论证。司法公正的基本要求是“同等情况同等对待，不同等情况不同等对待”，这实际上意味着法律的平等适用。而严格司法就是在法律适用中严格遵循司法公正的要求。从反面立论，以言代法、以权压法、徇私枉法等司法不公、司法不严的行为，在具体表现形式上都会导致人民群众的权利没有得到平等对待，违反了法律面前人人平等的原则，导致人心不服，破坏了司法的公信力。

最后，论述根据依宪治国、依宪执政的要求，法律面前人人平等的原则落实到“严格司法”方面提出的具体措施。在这部分考生可以以《决定》中的相应内容展开论述。严格司法的措施是全面的，《决定》是从统一司法裁判的规范标准、完善公正司法的程序标准、健全严格司法的保障机制三个方面展开的，提出了很多具体的改革措施。考生在答题时，不必完整无误地将其全部陈述出来，但是也不能完全脱离《决定》内容。总之，只要大框架不离《决定》的基本内容，言之有据，论证充分，达到了观点明确、论证充分、逻辑严谨、文字通顺等方面的要求，都能得到较好的分数。

答案解析：

一、坚持依法治国首先要坚持依宪治国，坚持依法执政首先要坚持依宪执政。这是因为宪法是国家的根本大法，是党和人民意志的集中体现，是通过科学民主程序形成的根本法。全国各族人民、一切国家机关和武装力量、各政党和各社会团体、各企业事业组织，都必须以宪法为根本的活动准则。一切违反宪法的行为都必须予以追究和纠正。坚持依宪治国、依宪执政，要求贯彻法律面前人人平等的原则。一方面，宪法是公民权利的守护神。宪法中肯定了“法律面前人人平等”，依宪治国、依宪执政意味着在治国和执政中，必须贯彻“法律面前人人平等”的原则，任何人的权利都受到宪法法律的平等保护，在权利被侵害时，应当得到宪法法律的平等救济。同样，任何人在违反宪法法律的规定时，都应当平等地被追究责任，不得有超越宪法法律的特权。另一方面，宪法规定了国家机构的组织形态及其权限。依宪治国、依宪执政意味着公权力必须在宪法法律规定的范围内行使，公权力在行使过程中不能侵犯宪法对公民的平等保障。

二、坚持依宪治国、依宪执政，具体到司法领域，要求在法律适用中贯彻法律面前人人平等的原则。公正司法是维护社会公平正义的最后一道防线，它的基本要求是“同等情况同等对待，不同等情况不同等对待”。这实际上意味着法律的平等适用，即受到侵害的权利都要依法得到保护和救济，违法犯罪行为都要依法受到制裁和惩罚。平等是社会主义法律的基本属性，在法律适用中贯彻法律面前人人平等的原则，在我国当前司法形势下，要做到严格司法，即严格遵循司法公正的要求。以言代法、以权压法、徇私枉法等司法不公、司法不严的行为，其直接结果就是导致人民群众的权利没有得到平等对待，被侵害的权利没有得到平等救济，违法行为没有得到平等追责。这都违反了法律面前人人平等的原则，导致人心不服，破坏了司法的公信力。

三、在依宪治国、依宪执政的总体要求下，推进严格司法，即严格遵循司法公正的要求，落实各项具体措施，做到法律面前人人平等，有利于规范司法行为，加强对司法活动的监督，努力让人民群众在每一个司法案件中感受到公平正义。具体来说：

（1）在统一司法裁判的规范标准方面，司法机关及其工作人员应当坚持以事实为根据、以法律为准绳，健全事实认定符合客观真相、法律适用标准统一、办案结果符合实体公正的法律制度。避免同案不同判，做到对权利进行平等救济，对责任进行平等追究。

（2）在完善公正司法的程序标准方面，健全办案过程符合程序公正的制度，推进以审判为中心的诉讼制度改革，保证庭审在查明事实、认定证据、保护诉权、公正裁判中发挥决定性作用。全面贯彻证据裁判规则，确保案件事实证据经得起法律的检验，使诉讼当事人得到平等对待。

（3）在健全严格司法的保障机制方面，明确各类司法人员工作职责、工作流程、工作标准，实行办案质量终身负责制和错案责任倒查问责制，严格遵循法律面前人人平等的原则，坚决纠正有法不依、违法不究的行为。

2015 年

一、试题

扫一扫 看微课视频

材料一： 法律是治国之重器，法治是国家治理体系和治理能力的重要依托。全面推进依法治国，是解决党和国家事业发展面临的一系列重大问题，解放和增强社会活力、促进社会公平正义、维护社会和谐稳定、确保党和国家长治久安的根本要求。要推动我国经济社会持续健康发展，不断开拓中国特色社会主义事业更加广阔的发展前景，就必须全面推进社会主义法治国家建设，从法治上为解决这些问题提供制度化方案。（摘自习近平：《关于〈中共中央关于全面推进依法治国若干重大问题的决定〉的说明》）

材料二： 同党和国家事业发展要求相比，同人民群众期待相比，同推进国家治理体系和治理能力现代化目标相比，法治建设还存在许多不适应、不符合的问题，主要表现为：有的法律法规未能全面反映客观规律和人民意愿，针对性、可操作性不强，立法工作中部门化倾向、争权诿责现象较为突出；有法不依、执法不严、违法不究现象比较严重，执法体制权责脱节、多头执法、选择性执法现象仍然存在，执法司法不规范、不严格、不透明、不文明现象较为突出，群众对执法司法不公和腐败问题反映强烈。（摘自《中共中央关于全面推进依法治国若干重大问题的决定》）

问题：

根据以上材料，结合全面推进依法治国的总目标，从立法、执法、司法三个环节谈谈建设社会主义法治国家的意义和基本要求。

答题要求：

（1）无观点或论述、照搬材料原文的不得分；

（2）观点正确，表述完整、准确；

（3）总字数不得少于400字。

二、答案精讲

根据以上材料，结合全面推进依法治国的总目标，从立法、执法、司法三个环节谈谈建设社会主义法治国家的意义和基本要求。

答案要点：

一、全面推进依法治国的总目标是建设中国特色社会主义法治体系，建设社会主义法治国家。即在党的领导下，坚持中国特色社会主义制度，贯彻中国特色社会主义法治理论，形成完备的法律规范体系、高效的法治实施体系、严密的法治监督体系、有力的法治保障体系，形成完备的党内法规体系，坚持依法治国、依法执政、依法行政共同推进，坚持法治国家、法治政府、法治社会一体建设，实现科学立法、严格司法、公正司法、全民守法，促进国家治理体系和治理能力现代化。

二、从立法环节来看，要完善以宪法为核心的法律体系，加强宪法实施。建设中国特色社会主义法治体系，必须坚持立法先行，发挥立法的引领和推动作用，抓住提高立法质量这个关键。形成完备的法律规范体系，要贯彻社会主义核心价值观，使每一项立法都符合宪法精神。要完善立法体制机制，坚持立改废释并举，增强法律法规的及时性、系统性、针对性、有效性。

三、从执法环节来看，要深入推进依法行政，加快建设法治政府。法律的生命力和法律的权威均在于实施。建设法治政府要求在党的领导下，创新执法体制，完善执法程序，推进综合执法，严格执法责任，建立权责统一、权威高效的依法行政体制，加快建设职能科学、权责法定、执法严明、公开公正、廉洁高效、守法诚信的法治政府。

四、从司法环节来看，要保证公正司法，提高司法公信力。要完善司法管理体制和司法权力运行机制，规范司法行为，加强监督，让人民群众在每一个司法案件中感受到公平正义。

难度：中

考点：全面推进依法治国的总目标；法治工作的基本格局

命题和解题思路：十八届四中全会是在我国进入全面建成小康社会决定性阶段和全面深化改革进入攻坚期、深水区召开的一次重要会议。这次会议是党的历史上第一次专题研究法治的中央全会，第一次确立了全面推进依法治国的总目标。2015年是司法考试第一次以《决定》全文为文本，对“中国特色社会主义法治理论”进行考查，所以在论述题中，命题人从宏观视角“提纲挈领”考查了“推进全面依法治国的总目标及法治工作的基本格局”。

该题从形式上，依惯例采取材料分析题的命题方式。《决定》体现了十八大后以习近平为总书记的党中央和新一届中央领导集体对法治的认识达到了新的战略高度。党在《决定》中以文件的形式谋划法治、部署法治、推进法治，在开篇论述“全面推进依法治国的重大意义”时直面现实，指出“法治建设还存在许多不适应、不符合的问题”。正是存在这些问题，才需要对推进依法治国作出全面部署，因为法治工作基本格局中具体的改革举措为这些问题的解决提供了制度化的方案。因此，从内容上命题人是由此思路进行命题。作为首考第一题，该题难度适中，具有一定广度。考生不仅需要熟读《决定》全文，对重要部分进行记忆，而且需要从宏观上把握《决定》各部分之间的逻辑关系，理解改革举措在宏观布局中的针对性。

考生应当遵循“认真阅读材料，准确解读内容；完整理解问题，把握逻辑关系；列出结构层次，展开逻辑分析”的方式，正确解题，即材料限定了答题方向，问题则指引了答题要点，框定了答题结构和层次：

第一步先看材料：材料一出自习近平对《决定》所做的说明，其中点出“必须全面推进社会主义法治国家建设，从法治上为解决这些问题提供制度化方案”。材料二出自《决定》原文，是对法治建设“存在问题”的依次总结。

第二步结合问题：命题人偏重考查考生对“存在的问题—总目标—基本格局及其要求”的整体把握和理解，考查考生是否能抓住“全面推进社会主义法治国家建设，从法治上为解决这些问题提供制度化方案”这一关键点，从而找到答题的方向和要点。

第三步，根据题目的要求，需要回答的问题结构和层次是：如何解决法治建设中存在的诸多不适应、不符合的问题？既然全面推进社会主义法治国家建设，从法治上为解决这些问题提供了制度化方案，那么要达到的总目标是什么？在具体落实中，如何从立法、执法、司法三个环节建设社会主义法治国家？形成完备的法律规范体系、高效的法治实施体系如何体现了从法治上为解决这些问题提供制度化方案？

具体论述的逻辑展开是：

首先应当阐释全面推进依法治国的总目标的内容。然后根据材料反映的法治建设中存在的问题，分别从立法、执法、司法三个环节论述建设社会主义法治国家的意义和基本要求，论述全面推进社会主义法治国家建设，是为了从法治上为解决这些问题提供制度化方案。在立法环节方面，答题要点是《决定》中“完善以宪法为核心的中国特色社会主义法律体系，加强宪法实施”下形成完备的法律规范体系的意义和基本要求；在执法环节方面，答题要点是“深入推进依法行政，加快建设法治政府”下建设法治政府的意义和基本要求；在司法环节方面，答题要点是“保证公正司法，提高司法公信力”下公正司法的意义和基本要求。

考生应当将基本知识点回答出来，论述中也要注意回应“全面推进依法治国的总目标”中对立法、执法、司法提出的具体目标，即“形成完备的法律规范体系、高效的法治实施体系、严密的法治监督体系”。能够结合材料本身谈谈个人的理解和看法更好。本题虽然属无标准答案型试题，但仍然需要考生掌握和回答《决定》中的基本知识点；然后考生可以根据自己的判断和理解，从有利于论证的角度出发，提出自己的看法。关于全面推进依法治国的总目标，不需要一字不差，但是也不能完全臆造。对于立法、执法、司法三个环节的基本要求，也不需要在每个环节上都把具体措施面面俱到，表述无误，能针对问题提出若干项措施即可。总之，只要论证充分，达到了观点明确、论证充分、逻辑严谨、文字通顺等方面的要求，都能得到较好的分数。

答案解析：

一、《中共中央关于全面推进依法治国若干重大问题的决定》对全面推进依法治国、建设社会主义法治国家作出了整体部署，提出了全面推进依法治国的总目标是建设中国特色社会主义法治体系，建设社会主义法治国家。在中国共产党领导下，坚持中国特色社会主义制度，贯彻中国特色社会主义法治理论，形成完备的法律规范体系、高效的法治实施体系、严密的法治监督体系、有力的法治保障体系，形成完善的党内法规体系，坚持依法治国、依法执政、依法行政共同推进，坚持法治国家、法治政府、法治社会一体建设，实现科学立法、严格执法、公正司法、全民守法，促进国家治理体系和治理能力现代化。

二、之所以提出全面推进依法治国的总目标，尤其是提到“形成完备的法律规范体系、高效的法治实施体系、严密的法治监督体系”，“实现科学立法、严格执法、公正司法”是因为在法治建设中还存在很多问题，这些问题只有通过完善法治、建设社会主义法治国家才能有效解决。因为只有法治才能为这些问题提供制度化的解决方案。法治的实现需要立法、执法、司法各个环节共同发挥作用，下面从这三个环节依次阐述建设社会主义法治国家的意义和基本要求：

（1）从立法环节来看，要完善以宪法为核心的法律体系，加强宪法实施。法律是治国之重器，良法是善治之前提。建设中国特色社会主义法治体系，必须坚持立法先行，发挥立法的引领和推动作用，提高立法质量。“形成完备的法律规范体系”，具体言之，要健全宪法的实施和监督制度，使每一项立法都符合宪法精神；要完善立法体制，通过具体改革措施去除立法工作中的部门化倾向；要推进科学立法、民主立法，坚持立改废释并举，增强法律法规的及时性、系统性、针对性、有效性。

（2）从执法环节来看，要深入推进依法行政，加快建设职能科学、权责法定、执法严明、公开公正、廉洁高效、守法诚信的法治政府。法律的生命力和法律的权威均在于实施。“形成高效的法治实施体系”，具体言之，要实现法定职责必须为，法无授权不可为，促进政府全面履行政府职能；要健全依法决策机制，规范政府决策行为；要创新执法体制，完善执法程序，推进综合执法，严格执法责任，建立权责统一、权威高效的依法行政体制，消除多头执法、选择性执法等现象；要坚持严格规范公正文明执法，推进政务公开。

（3）从司法环节来看，要保证公正司法，提高司法公信力，让人民群众在每一个司法案件中感受到公平正义。公正是法治的生命线。司法公正对社会公正具有重要引领作用，司法不公对社会公正具有致命破坏作用。“形成严密的法治监督体系”，具体言之，要完善确保依法独立公正行使审判权和检察权的制度；要优化司法职权配置，完善司法权力运行机制；要推进严格司法，完善司法管理体制，规范司法行为；要加强对司法活动的监督，严惩司法不公和腐败问题，实现公正司法。

第四部分　命题人模拟金题

第一题

一、试题

材料一：“善禁者，先禁其身而后人；不善禁者，先禁人而后身。”领导干部要牢记法律红线不可逾越、法律底线不可触碰，带头遵守法律、执行法律，带头营造办事依法、遇事找法、解决问题用法、化解矛盾靠法的法治环境。谋划工作要运用法治思维，处理问题要运用法治方式，说话做事要先考虑一下是不是合法，把握不准的就要去查一查党纪国法是怎样规定的，还可以请法律专家、法律顾问帮助把把关。（摘自习近平：《在省部级主要领导干部学习贯彻党的十八届四中全会精神全面推进依法治国专题研讨班上的讲话》）

扫一扫　看微课视频

材料二：要加强对权力的制约和监督，让人民监督权力，让权力在阳光下运行，把权力关进制度的笼子……深化国家监察体制改革，将试点工作在全国推开，组建国家、省、市、县监察委员会，同党的纪律检查机关合署办公，实现对所有行使公权力的公职人员监察全覆盖。制定国家监察法，依法赋予监察委员会职责权限和调查手段，用留置取代“两规”措施。（摘自习近平：《在中国共产党第十九次全国代表大会上的报告》）

问题：

请根据材料一和材料二，结合国家治理体系和治理能力现代化，谈谈国家监察体制改革对坚持人民主体地位的意义。

答题要求：

（1）无观点或论述、照搬材料原文的不得分；

（2）观点正确，表述完整、准确；

（3）总字数不少于600字。

二、答案精讲

请根据材料一和材料二，结合国家治理体系和治理能力现代化，谈谈国家监察体制改革对坚持人民主体地位的意义。

答案要点：

一、国家治理体系是国家治国理政制度体系的总称，国家治理能力是一国治理体系发挥作用、体现价值和实现目标的一种水平和能力。国家治理体系和治理能力是一个国家的制度和制度执行能力的集中体现，二者相辅相成。

实现国家治理体系和治理能力的现代化，是国家治理主体以人的最大解放、人权的最大实现和人民的最大幸福为最大目标，通过国家治理体系的有效运转和法治规则的有效运用，让现代化成果惠及民众，实现国家的有效有序治理。

二、国家监察体制改革经历了从局部试点到全面推开再通过宪法法律确认的改革路径。国家监察机关的设立是组织创新和制度创新的成果。形成集中统一、权威高效的国家监察体系，有利于提升国家治理能力，实现国家治理体系和治理能力现代化。

宪法的修改和《国家监察法》的制定，确保了公权力行使的规范化和制度化，不但使行政机关，而且使立法机关、司法机关等国家机关及其公务人员，企事业单位、社会组织行使公权力的公职人员都成为监察对象。

三、国家公权力在行使过程中，不论是通过立法对有限的社会资源进行制度性分配，还是通过行政对社会进行公共管理，通过司法对社会争议进行解决，都事关公民的切身利益。因此对权力的滥用必定会造成公民权利的损害。在这个意义上，通过法律对权力进行有效监督和制约，就是对公民权利的最大保障，就是坚持人民主体地位。

对所有行使公权力的公职人员进行监察全覆盖，可以从以下方面实现对人民权利的保障：

（1）推进科学立法、民主立法、依法立法，使每一项立法都符合宪法精神、反映人民意志；

（2）推进依法行政，依法全面履行政府职能，坚持严格规范公正文明执法，建设公开公正、廉洁高效、守法诚信的法治政府；

（3）推进公正司法，避免关系案、人情案、金钱案，惩治徇私枉法、司法腐败；

（4）坚持依法执政，纠正违法行使权力、以言代法、以权压法、逐利违法等行为。

难度：难

考点：推进全面依法治国的重大意义；坚持人民主体地位；深入推进科学立法、民主立法、依法立法；坚持严格规范公正文明执法；推进公正司法；健全依法维权和化解纠纷机制；坚持依法执政的意义和基本要求；提高党员干部法治思维和依法办事能力

命题和解题思路：国家监察体制改革是事关全局的重大政治体制改革，是强化党和国家自我监督的重大决策部署。十八大以来，党中央多次对国家监察体制改革作出重要指示、提出明确要求，实行了从局部试点到全面推开再通过宪法法律确认的改革路径。在对改革成果和经验进行总结的基础上，第十三届全国人大第一次会议在宪法修正案中设专节规定了国家监察委员会和地方各级监察委员会的性质、地位、名称、人员组成、任期任届、领导体制和工作机制等重要内容，并审议通过《国家监察法》，使国家监察体制改革成果上升为宪法和法律规范。国家监察体制改革及其立法是我国政治生活中的一件大事，具有重大的现实意义和深远的历史意义。本题就是从这一角度出发，串联起多个考点进行命题。

一方面，国家监察机关的设立是全面深化改革的产物，是组织创新和制度创新的成果。考生要把握的是，形成集中统一、权威高效的国家监察体系，有利于健全中国特色社会主义法治体系和监督体系，提升党和国家治理能力，实现党和国家治理体系和治理能力现代化。另一方面，国家监察体制改革是为了有效实现对所有行使公权力的公职人员监察全覆盖，保证党纪国法得到一体遵循。考生要把握的是，对公权力的监督和制约，实际上就是对公民权利进行保障，坚持人民主体地位，保证人民依法享有广泛的权利和自由、承担应尽的义务。这二者都是重要考点。而在对通过国家监察体制改革制约公权力进行具体论述时，又可以考查考生对法治工作基本格局、加强和改进党的领导中的多个相关考点进行融会贯通的能力。

在形式上，该题采取的是材料分析题的命题方式；在内容上，着重考查国家监察体制改革对推进国家治理体系和治理能力现代化的制度价值，考查国家监察体制对所有行使公权力的公职人员进行监察全覆盖，在公权力运行的各个层面对人民权利保障的意义。考生需要遵循“认真阅读材料，准确解读内容；完整理解问题，把握逻辑关系；列出结构层次，展开逻辑

分析”的方式正确解题，即材料限定了答题方向，问题则指引了答题要点，框定了答题结构和层次：

先看材料并归纳重点：材料一表述的是领导干部要坚持依法执政，带头遵守法律，运用法治思维和法治方式谋划工作和处理问题，这就是主张推进全面依法治国。材料二取自十九大报告中“十三、坚定不移全面从严治党，不断提高党的执政能力和领导水平”的“（七）健全党和国家监督体系”，是从深化国家监察体制改革的角度，论述如何在制度和法律层面加强对权力运行的制约和监督。

结合问题，命题人要求考生抓住的逻辑关系是“国家监察体制改革体现了国家治理体系和治理能力的现代化：对公权力行使进行规范化和制度化——对公民权利进行有效保障”，而关键点是“国家监察体制改革对推进国家治理体系和治理能力现代化的制度价值”。

接下来将材料的内容和问题结合来看，需要回答的问题结构和层次是：

什么是国家治理体系和治理能力的现代化？

国家监察体制改革对推进国家治理体系和治理能力现代化的制度价值是什么？

在坚持人民主体地位的原则中，如何理解人民是依法治国的目标主体？

在公权力运行的各个层面，对所有行使公权力的公职人员进行监察全覆盖对人民权利保障的意义是什么？

具体论述的逻辑展开是：

（1）根据题目要求，考生首先需要阐明国家治理体系和治理能力现代化的含义，并论证依法治国是实现国家治理体系和治理能力现代化的必然要求。

（2）结合题目要求，扼要陈述国家监察体制改革的内容，论述国家监察机关的设立是全面深化改革的产物，是组织创新和制度创新的成果，不仅涉及政治体制、政治权力和政治关系的重大调整，而且在组织和制度层面形成和发展了中国特色社会主义国家监察体系。进而论述宪法的修改和《国家监察法》的制定，确保了公权力行使的规范化和制度化。

（3）在法理上，从对权力的监督和制约过渡到对人民权利的保障。首先论述坚持人民主体地位，人民是依法治国的目标主体。接下来可以分别从依法立法、严格规范公正文明执法、公正司法、依法化解纠纷、依法执政等多个角度阐述在公权力运行的各个层面，对所有行使公权力的公职人员进行监察全覆盖对人民权利保障的意义。这部分在论述时角度是开放的，可以以《决定》内容为依据，但是不必过于拘泥，将所有方面都一一列举。

在论证中要注意言之有据，论证充分，达到观点明确、论证充分、逻辑严谨、文字通顺等方面的要求。

答案解析：

一、国家治理体系是国家治国理政制度体系的总称，国家治理能力是一国治理体系发挥作用、体现价值和实现目标的一种水平和能力，具体包括执政党的执政能力、行政机关的执法能力、司法机关的司法能力、公民和社会的有序参与社会治理能力等方面。国家治理体系和治理能力是一个国家的制度和制度执行能力的集中体现，二者相辅相成。

实现国家治理体系和治理能力的现代化，是国家治理主体以人的最大解放、人权的最大实现和人民的最大幸福为最大目标，通过国家治理体系的有效运转和法治规则的有效运用，让现代化成果惠及民众，实现国家的有效有序治理。由于法治所具有的形式要素和实体要素，及其相对于人治在国家治理上的优势，依法治国是实现国家治理体系和治理能力现代化的必然要求。

二、国家监察体制改革经历了从局部试点到全面推开再通过宪法法律确认的改革路径。最新的《宪法修正案》设专节规定了国家监察委员会和地方各级监察委员会的性质、地位、名称、人员组成、任期任届、领导体制和工作机制等重要内容，并审议通过《国家监察法》，使国家监察体制改革成果上升为宪法和法律规范。国家监察机关的设立是组织创新和制度创新的成果。形成集中统一、权威高效的国家监察体系，有利于健全中国特色社会主义法治体系和监督体系，提升国家治理能力，实现国家治理体系和治理能力现代化。

宪法的修改和《国家监察法》的制定，确保了公权力行使的规范化和制度化。改革改变了行政监察和党内监督不协调的问题，是为了有效实现对所有行使公权力的公职人员监察全覆盖，保证党纪国法得到一体遵循。不仅行政机关，而且立法机关、司法机关等国家机关及其公务人员，企事业单位、社会组织行使公权力的公职人员都是监察对象。

三、国家公权力在行使过程中，不论是通过立法对有限的社会资源进行制度性分配，还是通过行政对社会进行公共管理，通过司法对社会争议进行解决，稳定规范性预期，都事关公民的切身利益。因此对权力的滥用必定会造成公民权利的损害。在这个意义上，通过法律对权力进行有效监督和制约，就是对公民权利的最大保障。在推进依法治国中坚持人民主体地位，意味着“必须坚持法治建设为了人民、依靠人民、造福人民、保护人民，以保障人民根本权益为出发点和落脚点，保证人民依法享有广泛的权利和自由、承担应尽的义务，维护社会公平正义，促进共同富裕”。

对所有行使公权力的公职人员进行监察全覆盖，可以从以下方面实现对人民权利的保障：

（1）推进科学立法、民主立法、依法立法，使每一项立法都符合宪法精神、反映人民意志、保障公民权利得到落实；

（2）推进依法行政，依法全面履行政府职能，坚持严格规范公正文明执法，纠正不作为、乱作为，克服懒政、怠政，惩处失职、渎职，建设公开公正、廉洁高效、守法诚信的法治政府；

（3）推进公正司法，坚持以事实为根据、以法律为准绳，避免关系案、人情案、金钱案，惩治徇私枉法、司法腐败；

（4）依法化解纠纷，畅通群众利益协调、权益保障法律渠道，把信访纳入法治化轨道；

（5）坚持依法执政，纠正违法行使权力、以言代法、以权压法、逐利违法等行为；

（6）促使党员干部提高法治思维和依法办事能力，督促各级领导干部正确行使权力。

第二题

一、试题

扫一扫　看微课视频

材料一：全面推进依法治国，必须坚持全民守法。全民守法，就是任何组织或者个人都必须在宪法和法律范围内活动，任何公民、社会组织和国家机关都要以宪法和法律为行为准则，依照宪法和法律行使权利或权力、履行义务或职责……要坚决改变违法成本低、守法成本高的现象，谁违法就要付出比守法更大的代价，甚至是几倍、十几倍、几十倍的代价。当然，这是一个过程，要逐步在广大干部群众中树立法律的权威。（摘自习近平：《在十八届中央政治局第四次集体学习时的讲话》）

材料二：全面依法治国是中国特色社会主义的本质要求和重要保障。必须把党的领导贯彻落实到依法治国全过程和各方面，坚定不移走中国特色社会主义法治道路，完善以宪法为核心的中国特色社会主义法律体系，建设中国特色社会主义法治体系，建设社会主义法治国家，发展中国特色社会主义法治理论，坚持依法治国、依法执政、依法行政共同推进，坚持法治国家、法治政府、法治社会一体建设，坚持依法治国和以德治国相结合，依法治国和依规治党有机统一，深化司法体制改革，提高全民族法治素养和道德素质。（摘自习近平：《在中国共产党第十九次全国代表大会上的报告》）

问题：

请根据材料一和材料二，结合十九大报告中提出的深化依法治国实践，谈谈在社会生活中违法成本低、违法行为屡次发生，而守法成本高，正当权利容易受到侵犯，并且受到侵犯后难以得到有效救济这种现象出现的原因和解决措施。

答题要求：

（1）无观点或论述、照搬材料原文的不得分；

（2）观点正确，表述完整、准确；

（3）总字数不少于600字。

二、答案精讲

请根据材料一和材料二，结合十九大报告中提出的深化依法治国实践，谈谈在社会生活中违法成本低、违法行为屡次发生，而守法成本高，正当权利容易受到侵犯，并且受到侵犯后难以得到有效救济这种现象出现的原因和解决措施。

答案要点：

一、在现实生活中，违法成本低指的是违法行为没有被依法追究法律责任，或者只被追究较轻的法律责任，导致违法行为、法律责任与惩罚或补偿之间不相当。这会导致违法主体在低违法成本下继续从事违法行为，甚至变本加厉。在法律关系中，一方主体的违法行为意味着另一方主体的权益因之受到侵害，从而因为遵守法律而造成自身权益减损，也就是所谓的守法成本高。在一个社会中，违法成本低而守法成本高的现象普遍出现，会导致法律权威丧失、社会失序、人心涣散。

二、从国家治理和公权力运行的角度来看，这种现象主要发生在这些情况出现时：

（1）法律体系不健全，法律规定不完善。如法律出现规制空白或规定不合理，或者过于笼统，可操作性差，或者处罚力度弱，达不到惩戒效果。

（2）法律实施不力，有法不依，执法不严，违法不究。如行政机关没有坚持严格规范公正执法，没有做到依法惩处各类违法行为。

（3）在适用法律环节，存在司法不公、司法腐败。如在审判中存在着“关系案”“人情案”“金钱案”。

（4）从执政者的角度来看，各级党组织和全体党员，如果有超越宪法法律的特权，以言代法、以权压法、逐利违法、徇私枉法，就会破坏宪法法律至上、法律面前人人平等等法治理念，使人们认为违法的成本低，而守法的成本高。

三、党的十九大提出深化依法治国实践，指出全面依法治国是国家治理的一场深刻革命，必须坚持厉行法治，推进科学立法、严格执法、公正司法、全民守法。深化依法治国实践的主要任务有着现实针对性，对改变这一现象有纲举目张的作用。具体言之：

（1）应当推进科学立法、民主立法、依法立法，以良法促进发展、保障善治。

（2）加强宪法实施和监督，维护宪法权威。应以宪法为最高法律规范，实现国家和社会生活制度化、法治化。

（3）建设法治政府，推进依法行政，严格规范公正文明执法，惩治执法腐败。

（4）深化司法体制综合配套改革，推进公正司法。

（5）各级党组织和全体党员要带头尊法学法守法用法，坚持依法执政。

难度：难

考点：党的十九大提出的深化依法治国实践的主要任务；深入推进科学立法、民主立法、依法立法；坚持严格规范公正文明执法；强化对行政权力的制约和监督；完善确保依法独立公正行使审判权和检察权的制度；推进公正司法；加强对司法活动的监督；坚持依法执政的意义和基本要求

命题和解题思路：这道题的设计起因，首先是在命题时看到习近平总书记在《在十八届中央政治局第四次集体学习时的讲话》中的这段话，然后就出现了疫苗事件。2010 年曾经出现过“山西疫苗事件”，2018 年又出现长春长生的疫苗不合格事件。这就好像 2003 年安徽阜阳曝出大头娃娃事件，重庆、江苏、甘肃等地也相继发现空壳奶粉，但是风波却很快被掩过。逃脱的奶粉制造企业以掺三聚氰胺的方式提高蛋白质检测值，随后才又发生 2008 年婴儿患肾结石致死事件。在这些令人错愕愤慨的事件反复出现

中，值得思考的是为什么违法行为反复出现？在现实社会生活中，还存在为数不少的其他违法成本低、守法成本高的现象，例如环境违法违规行为像割韭菜一样，屡禁不止；或者违章停车普遍存在等。因此，这道题就选择了《在十八届中央政治局第四次集体学习时的讲话》中提到的现象，作为考查重点，需要大家分析现象出现的原因，并思考如何从法治的角度对症下药（原文现象提出的背景是，在社会矛盾纠纷解决时，没有畅通群众利益协调和权益保障法律渠道，这使人们产生大闹大解决、小闹小解决、不闹不解决的印象。但我们认为，这里指出的现象不仅存在于信访问题上，而是具有普遍性。所以在引文中这一视角被隐去，以兼顾一般性）。

十九大报告提出，要深刻领会新时代中国特色社会主义思想的精神实质和丰富内涵，在各项工作中全面准确贯彻落实，其中一个方面是坚持全面依法治国。进而在“健全人民当家作主制度体系，发展社会主义民主政治”部分，提出新时代深化依法治国实践的主要任务，这是从立法、执法、司法、守法的角度提出的提纲挈领的要求。在解决上述现象中存在的问题时，需要厉行法治，从各方面多管齐下，让违法者承担应当承担的责任，杜绝类似违法行为的再次发生。因此，命题通过“党的十九大提出的深化依法治国实践的主要任务”这个考点，将深入推进科学立法、民主立法、依法立法，坚持严格规范公正文明执法、强化对行政权力的制约和监督、完善确保依法独立公正行使审判权和检察权的制度、推进公正司法、加强对司法活动的监督、坚持依法执政的意义和基本要求等多考点联系起来，考查考生对知识融会贯通的能力。

在形式上，该题采取的是材料分析题的命题方式；在内容上，着重考查考生在现实生活中，是否对违法成本低，守法成本高这一现象有所认识，有所思考，是否能够分析其发生的原因，并能从依法治国实践的角度提出合理的解决建议。考生要遵循“认真阅读材料，准确解读内容；完整理解问题，把握逻辑关系；列出结构层次，展开逻辑分析”的方式，正确解题，即材料限定了答题方向，问题则指引了答题要点，框定了答题结构和层次。

先看材料并归纳重点：材料一一方面表述了全民守法的含义，另一方面描述了在不守法的行为没有被及时依法追究责任后，出现的违法成本低、守法成本高的现象，提出要改变这一现象，树立法律的权威。材料二来自十九大报告，表述的是如何理解在全面依法治国中，贯彻落实新时代中国特色社会主义思想的精神实质和丰富内涵。

结合问题，命题人要求考生抓住的逻辑链条是“现象描述和理论界定一现象的危害—原因分析—解决建议”，关键点是结合十九大提出的深化依法治国实践，从坚持厉行法治，推进科学立法、严格执法、公正司法、全民守法的角度提出建议。

接下来将材料的内容和问题结合来看，需要回答的问题结构和层次是：

违法成本低、守法成本高的具体含义是什么？

即为什么会在违法—守法之间出现这种关系？

这种现象普遍出现的危害是什么？这种现象出现的原因是什么？

如何减少甚至杜绝这种现象的发生？

具体论述的逻辑展开是：

（1）从提问来看，考生宜先说明违法成本低的含义是什么，守法成本高的含义是什么，二者之间“成本”此消彼长的法理是什么。接下来扼要说明这种现象普遍出现的危害是什么，引出需要分析其原因并解决。在这一部分，也可以描述自己观察到的现象，但是最好能从理论上进行抽象概括。

（2）结合题目要求，对这种现象出现的原因进行分析。但是在这一部分，考生要注意的是，该现象出现的原因是多方面的，是否应该面面俱到呢？这时就要考虑到提问中“结合……”这一句的要求。提问要求“结合十九大报告中提出的深化依法治国实践”，而深化依法治国实践是从提高国家治理体系和治理能力，从如何执政的角度提出的，事关公权力的运行。所以，在原因分析时，要表明分析所选取的视角，使论述更为集中，并和题目要求能够呼应。

（3）从论述逻辑上，第三部分应当谈谈如何改变这一现象，使人们形成对法律的信仰，对法治的信赖，在社会中形成守法光荣、违法可耻的社会氛围。在论述时，应继续结合十九大报告中提出的深化依法治国实践，从完善法律体系、加强宪法实施和监督、推进依法行政、全面落实司法责任制、各级党组织和全体党员带头尊法守法等多角度展开。在论述时，尽量和第二点中的原因分析一一对应，体现出措施的针对性，做到有的放矢。

在论证中要注意言之有据，论证充分，达到观点明确、论证充分、逻辑严谨、文字通顺等方面的要求。

答案解析：

一、在现实生活中，违法成本低指的是违法行为没有被依法追究法律责任，而变成事实上的合法行为；或者只被追究较轻的法律责任，导致违法行为、法律责任与惩罚或补偿之间不相当。这导致违反法律的人，在高获益低违法成本的情况下，继续从事违法行为，甚至变本加厉。而在法律关系中，一方主体的违法行为意味着另一方主体的权益因之受到侵害。在违法行为没有被追究应予追究的法律责任的情况下，受到侵犯的正当权利就无法得到有效救济。这使得守法一方的主体在法律关系中因为遵守法律而造成自身权益减损，也就是所谓的守法成本高。如果在一个社会中，违法成本低而守法成本高这种现象普遍出现，就会导致法律的权威丧失，导致国家治理效率低下，甚至出现社会失序、人心涣散。

二、这种现象的出现，原因是多方面的，例如我国传统法治淡薄，人们守法意识不强等。从国家治理和公权力运行的角度来看，这种现象主要发生在这些情况出现时：

（1）法律体系不健全，法律规定不完善。这可能表现为法律存在规制空白或法律规定不合理；也可能表现为法律规定过于笼统，可操作性差；或表现为立法中所立法的处罚力度弱，达不到惩戒的效果。

（2）法律实施不力，有法不依，执法不严，违法不究。行政机关没有坚持法定职责必须为，存在失职和渎职行为。这有的是因为执法体制自身存在问题，不同层级和部门的事权和职能不明确，执法力量配置不合理，或者行政执法和刑事司法衔接机制不完善，存在有案不移、有案难移等问题。有的是因为行政机关没有坚持严格规范公正执法，没有做到依法惩处各类违法行为。这一部分原因是因为存在对执法活动的干预，存在地方和部门保护主义，存在执法腐败现象。

（3）在适用法律环节，存在司法不公、司法腐败。例如在审判中“托人情、找关系、打招呼、批条子、请客送礼”，说的是可能存在着“关系案”“人情案”“金钱案”。一种情况是司法人员和当事人、律师、特殊关系人甚至某种中介组织进行私下接触、交往，出现司法腐败、徇私枉法。另一种情况是领导干部干预司法活动，插手具体案件处理，让司法机关做违反法定职责、有碍司法公正的事情，影响审判权和检察权的独立公正行使。

（4）从执政者的角度来看，各级党组织和全体党员，如果有超越宪法法律的特权，以言代法、以权压法、逐利违法、徇私枉法，就会破坏宪法法律至上、法律面前人人平等等法治理念，使人们认为违法的成本低，而守法的成本高。

三、党的十九大提出深化依法治国实践，指出全面依法治国是国家治理的一场深刻革命，必须坚持厉行法治，推进科学立法、严格执法、公正司法、全民守法。深化依法治国实践的主要任务有着现实针对性，对改变这一现象，增强全社会厉行法治的主动性，形成守法光荣、违法可耻的社会氛围有纲举目张的作用。因此，为了改变这一现象，应当做到：

（1）推进科学立法、民主立法、依法立法，以良法促进发展、保障善治。例如把信访纳入法治化轨道，保障合理合法诉求依照法律规定和程序能够得到合理合法的解决，又如完善执法程序，对执法范围、幅度进行细化等，再如通过修宪设立“监察委员会”和《国家监察法》的制定，就是从立法上进行制度完善，实现对所有行使公权力的公职人员监察全覆盖，保证对公权力的监督和制约等。

（2）加强宪法实施和监督，维护宪法权威。宪法是国家的根本法，规定了国家的根本制度和公民的基本权利。宪法也规定了国家机关的职责范围，规定了审判权、检察权独立行使的原则。因此应以宪法为最高法律规范，实现国家和社会生活制度化、法治化。

（3）建设法治政府，推进依法行政，严格规范公正文明执法。这要求推进依法行政，要求行政机关全面履行政府职能，纠正不作为、乱作为，深化执法体制改革。同时，也要强化对行政权力的制约和监督，惩治执法腐败。

（4）深化司法体制综合配套改革，推进公正司法。完善确保依法独立公正行使审判权和检察权制度，优化司法职权配置，全面落实司法责任制。加强对司法活动的监督，让人民群众在每一个司法案件中感受到公平正义。

（5）各级党组织和全体党员要带头尊法学法守法用法，任何组织和个人都不得有超越宪法法律的特权，绝不允许以言代法、以权压法、逐利违法、徇私枉法，坚持依法执政。

第三题

一、试题

扫一扫 看微课视频

材料一：加强社会诚信建设，健全公民和组织守法信用记录，完善守法诚信褒奖机制和违法失信行为惩戒机制，使遵法守法成为全体人民共同追求和自觉行动。加强公民道德建设，弘扬中华优秀传统文化，增强法治的道德底蕴，强化规则意识，倡导契约精神，弘扬公序良俗。发挥法治在解决道德领域突出问题中的作用，引导人们自觉履行法定义务、社会责任、家庭责任。（摘自《中共中央关于全面推进依法治国若干重大问题的决定》）

材料二：发挥好法律的规范作用，必须以法治体现道德理念、强化法律对道德建设的促进作用。一方面，道德是法律的基础，只有那些合乎道德、具有深厚道德基础的法律才能为更多人所自愿遵守。另一方面，法律是道德的保障，可以通过强制性规范人们行为、惩罚违法行为来引领道德风尚。要注意把一些基本道德规范转化为法律规范，使法律法规更多体现道德理念和人文关怀，通过法律的强制力来强化道德作用、确保道德底线，推动全社会道德素质提升。（**摘自习近平：《加快建设社会主义法治国家》**）

问题：

根据材料一和材料二，结合全面推进依法治国的总目标，谈谈在司法领域深化依法治国实践和社会信用体系建设二者之间的关系。

答题要求：

（1）无观点或论述、照搬材料原文的不得分；

（2）观点正确，表述完整、准确；

（3）总字数不少于600字。

二、答案精讲

根据材料一和材料二，结合全面推进依法治国的总目标，谈谈在司法领域深化依法治国实践和社会信用体系建设二者之间的关系。

答案要点：

一、全面推进依法治国的总目标是建设中国特色社会主义法治体系、建设社会主义法治国家。这表明中国的法治道路和法治体系的制度属性并不是完全照搬西方，而是具有自身特点，其中之一就是法治和德治相得益彰。

二、司法领域是依法治国的重要领域，在厉行法治的过程中，必须坚持公正司法。公正是法治的生命线，在深化依法治国的实践中，必须努力让人民群众在每一个司法案件中感受到公平正义。社会信用体系是一个国家信用管理体系，它的核心作用在于记录社会主体信用状况，褒扬诚信、惩戒失信。社会信用体系建设要求加强公民道德建设，增强法治的道德底蕴。在国家治理中，在司法领域深化依法治国实践凸显的是依法治国，社会信用体系建设旨在使诚实守信成为人们的自觉行为规范，体现以德治国。

三、在司法领域深化依法治国实践和社会信用体系建设之间的关系，反映了国家和社会治理需要法律和道德共同发挥作用。

（1）以法治体现道德理念，强化法律对道德建设的促进作用。应当以公正的司法促进社会信用体系的建设，通过“切实解决执行难”的多项举措，破除体制机制障碍，实现及时兑现胜诉权益，构建信用惩戒机制，通过法律的强制力强化道德作用，推动全社会道德素质提升。

（2）道德可以滋养法治精神、道德能够对法治文化起到支撑作用。完善守法诚信褒奖机制和违法失信行为惩戒机制，在于通过公民道德建设把道德内化到对法律的信仰和自觉遵守中。社会征信系统强调司法公信，这也应通过深化司法体制综合配套改革来落实。

难度： 难

考点： 全面依法治国的总目标；坚持依法治国和以德治国相结合；党的十九大提出的深化依法治国实践的主要任务；优化司法职权配置；推进公正司法；推动全社会树立法治意识

命题和解题思路： 环境污染、电信诈骗、引进项目造假、一边逃脱债务一边过着奢侈生活……这些百姓诟病的问题，根源都指向诚信缺失。随着现代化进程加快，传统“熟人社会”逐渐瓦解，利益主体渐趋多元，社会交往常常是在远程陌生人之间进行，这对诚信水平提出更高要求。党的十八大以来，我国加快推进社会信用体系建设，不断扎牢制度的笼子，逐步形成“一处失信、处处受限”的态势（“高铁吸烟”例子）。诚信建设是国家治理体系和治理能力现代化的重要实践，推进社会信用体系建设对于创新社会治理方式、转变政府职能、加强事中事后监管都发挥关键支撑作用。

司法领域是深化依法治国实践的重要领域，十九大提出要深化司法体制综合配套改革，努力让人民群众在每一个司法案件中感受到公平正义。2018 年 5 月 5 日，最高人民法院院长周强在“政法领导干部学习贯彻习近平新时代中国特色社会主义思想专题研讨班”做出报告，指出“坚持公正司法，努力让人民群众在每一个司法案件中感受到公平正义”。其中人民法院贯彻落实习近平公平正义思想的实践和思考之一是“坚持以人民为中心的发展思想，切实维护人民群众合法权益”，提出充分发挥公正裁判的教育引领作用，及时兑现胜诉权益。从 2013 年最高人民法院建立失信被执行人名单制度，至 2018 年 7 月共有 150 项惩戒措施迫使 280 万“老赖”低头。法院破解执行难也对社会信用体系建设有积极意义。

党的十八届四中全会和党的十九大明确提出，全面推进依法治国的总目标是建设中国特色社会主义法治体系、建设社会主义法治国家。而坚持依法治国和以德治国相结合，既是推进全面依法治国的基本原则之一，也是中国特色社会主义法治道路的独特之处。因此这道题将司法领域深化依法治国的实践和社会信用体系建设联系起来，结合全面推进依法治国的总目标，围绕依法治国与以德治国相结合对多个考点进行考查，需要考生对相关实践举措有所观察和思考。

在形式上，该题采取的是材料分析题的命题方式；在内容上，着重考查考生能否结合具体问题理解依法治国和以德治国相结合的含义，能否进而把握中国特色社会主义法治道路在法治与德治相得益彰上的独特之处。答题时，考生应遵循“认真阅读材料，准确解读内容；完整理解问题，把握逻辑关系；列出结构层次，展开逻辑分析”的方式正确解题，即材料限定了答题方向，问题则指引了答题要点，框定了答题结构和层次。

先看材料并归纳重点：材料一表述的是十八届四中全会上对加强社会诚信建设和公民道德建设的要求，这里体现了通过制度机制促进诚信，通过道德建设强化规则意识两方面。材料二表述的也是在建设社会主义法治国家中，要一方面以道德作为法律的基础，另一方面用法律做道德的保障。

结合问题，命题人要求考生抓住的逻辑关系是“中国特色社会主义法治道路——深化依法治国实践（法治）＋社会信用体系建设（德治）”，而关键点是“中国特色社会主义法治道路在法治与德治相得益彰上的独特之处”。

接下来将材料的内容和问题结合来看，需要回答的问题结构和层次是：

全面推进依法治国的总目标是什么？

结合材料在对总目标的含义进行理解时，应该突出强调的是什么（法治和德治相结合）？

在司法领域深化依法治国实践的任务和要求是什么？

社会信用体系建设的内容和要求是什么？

分述二者之间的关系是什么？

具体论述的逻辑展开是：

（1）从提问来看，考生在本题中宜先说明全面推进依法治国的总目标是什么，并结合材料和下面的分析说明，中国特色社会主义法治道路的独特之处之一在于，坚持依法治国和以德治国相结合。

（2）结合题目要求，在对司法领域深化依法治国实践和社会信用体系建设二者之间的关系进行说明之前，应当先论述在司法领域深化依法治国实践的任务和要求，社会信用体系建设的内容和要求。进而说明二者分别体现的侧重点，分别回应依法治国和以德治国。

（3）可以用两部分论述在司法领域深化依法治国实践和社会信用体系建设二者之间的关系。在论述中，注意将具体问题和基本原理相结合，可以适当结合一些具体事例，说明如何“以法治体现道德理念，强化法律对道德建设的促进作用”，如何“以道德滋养法治精神、强化道德对法治文化的支撑作用”。

在论证中要注意言之有据，论证充分，达到观点明确、论证充分、逻辑严谨、文字通顺等方面的要求。

答案解析：

一、党的十八届四中全会和党的十九大明确提出，全面推进依法治国的总目标是建设中国特色社会主义法治体系、建设社会主义法治国家。这表明中国的法治道路和法治体系的制度属性并不是完全照搬西方，而是从实际国情出发具有自身特点。其中之一体现在治理国家、治理社会坚持一手抓法治、一手抓德治，既重视发挥法律的规范作用，又重视发挥道德的教化作用，实现法律和道德相辅相成、法治和德治相得益彰。

二、司法领域是依法治国的重要领域，在厉行法治的过程中，必须坚持公正司法。公正是法治的生命线，司法公正对社会公正具有重要引领作用，司法不公对社会公正具有致命的破坏作用。在深化依法治国的实践中，必须深化司法体制综合配套改革，全面落实司法责任制，努力让人民群众在每一个司法案件中感受到公平正义。社会信用体系是一个国家信用管理体系，它的核心作用在于记录社会主体信用状况，揭示社会主体信用优劣，警示社会主体信用风险，整合全社会力量褒扬诚信、惩戒失信。由于信用是建立在信任基础上的能力，因此它和能够赢得信任的道德约束力联系在一起。社会信用体系建设要求加强公民道德建设，增强法治的道德底蕴，也要求健全公民和组织守法信用记录，完善守法诚信褒奖机制和违法失信行为惩戒机制。总之，在国家治理中，在司法领域深化依法治国实践凸显的是依法治国，社会信用体系建设建立在以德治国的基础上，旨在使诚实守信成为国家、社会、公民的自觉行为规范。

三、在司法领域深化依法治国实践和社会信用体系建设之间的关系，反映了国家和社会治理需要法律和道德共同发挥作用。既要重视发挥法律的规范作用，又要重视发挥道德的教化作用。二者之间是相辅相成、相得益彰的。

一方面，以法治体现道德理念，强化法律对道德建设的促进作用。在司法领域，应当坚持司法公正，这不仅要完善司法管理体制和司法权力运行机制，规范司法行为，加强对司法活动的监督，而且应以公正的司法促进社会信用体系的建设。例如，充分发挥公正裁判的教育引领作用，在“电梯内劝阻吸烟案”中，判决不让正当行使劝阻吸烟权利的公民承担补偿责任，是为了维护公民依法维护社会公共利益的积极性，引导公众共同创造良好的公共环境。又如通过“切实解决执行难”的多项举措，破除体制机制障碍，实现及时兑现胜诉权益。最高人民法院建立“失信被执行人名单制度”，与国家机关、社会团体、企事业单位对失信被执行人进行联合惩戒，迫使其自动履行义务。一系列打击拒执行为、构建信用惩戒机制的措施，对信用体系建设有着积极作用。这使得法院系统成为对失信行为进行事后惩罚的司法信用系统，直播执行过程、公布典型案例有助于在社会营造“守信光荣、失信可耻”的舆论氛围，通过法律的强制力强化道德作用，推动全社会道德素质提升。

另一方面，道德可以滋养法治精神、道德能够对法治文化起到支撑作用。社会信用体系建设要求加强公民道德建设，增强法治的道德底蕴。社会征信系统的内容包括政务诚信、商务诚信、社会诚信和司法公信。在司法领域深化依法治国实践，就是要通过深化司法体制综合配套改革，不断提高司法公信力，让人民群众在每一个司法案件中感受到公平正义。例如，围绕“告状难”问题，全面实施立案登记制改革，推进多元化纠纷解决机制；围绕“审者不判、判者不审”的问题，推进司法责任制改革；围绕“庭审虚化、效率不高”的问题，推进以审判为中心的刑事诉讼制度改革；围绕“司法不公开、不透明”的问题，深化司法公开，建成审判流程、庭审活动、裁判文书、执行信息四大公开平台等。

第四题

一、试题

扫一扫　看微课视频

材料一：中国特色社会主义进入新时代，我国社会主要矛盾已经转化为人民日益增长的美好生活需要和不平衡不充分的发展之间的矛盾……人民美好生活需要日益广泛，不仅对物质文化生活提出了更高要求，而且在民主、法治、公平、正义、安全、环境等方面的要求日益增长。同时，我国社会生产力水平总体上显著提高，社会生产能力在很多方面进入世界前列，更加突出的问题是发展不平衡不充分，这已经成为满足人民日益增长的美好生活需要的主要制约因素。（摘自习近平：《在中国共产党第十九次全国代表大会上的报告》）

材料二：坚持人民主体地位，必须坚持法治为了人民、依靠人民、造福人民、保护人民……要把体现人民利益、反映人民愿望、维护人民权益、增进人民福祉落实到依法治国全过程，使法律及其实施充分体现人民意志。（摘自习近平：《加快建设社会主义法治国家》）

问题：

根据以上材料，结合推进全面依法治国的重大意义，谈谈如何从执法和司法角度实现对公民权利的保障。

答题要求：

（1）无观点或论述、照搬材料原文的不得分；

（2）观点正确，表述完整、准确；

（3）总字数不少于600字。

二、答案精讲

根据以上材料，结合推进全面依法治国的重大意义，谈谈如何从执法和司法角度实现对公民权利的保障。

答案要点：

一、推进全面依法治国的重大意义在于，依法治国是实现国家治理体系和治理能力现代化的必然要求，事关我们党执政兴国，事关人民幸福安康，事关党和国家长治久安。在新时代，人们对美好生活的需要不仅是物质文化生活的满足，还有得到法律平等的保护和公平的对待。但是和人民群众期待相比，法治建设还存在许多不适应、不符合的问题。

二、在执法领域，有法不依、执法不严、违法不究现象比较严重，执法体制权责脱节、多头执法、选择性执法现象仍然存在，执法不规范、不严格、不透明、不文明现象较为突出。在司法领域也同样存在司法不规范、不严格、以权压法、徇私枉法等问题。执法司法不公损害了人民群众的利益，侵犯了公民权利，需要从法治角度进行解决。全面依法治国，应当全方位提升权利保障法治化的水平。

三、在依法行政上可以从以下方面着手：依法明确行政权力边界，加快推进行政机构、职能、权限、程序、责任法定化；依法约束行政权力行使，建立权责统一、权威高效的行政执法体制，完善行政执法程序；依法保障公民在行政决策中的参与权，保障公民对行政权力的监督权，等等。

四、在公正司法上可以从以下方面着手：确保审判权检察权依法独立公正行使；推进以审判为中心的刑事诉讼制度改革，确保无罪的人不受刑事追究，有罪的人受到公正惩罚；保障人民群众诉讼权益，坚持非法证据排除规则；完善法律援助制度，保障律师执业权利，等等。

难度： 难

考点： 推进全面依法治国的重大意义；坚持人民主体地位；建设法治政府的意义和基本要求；公正司法的意义和基本要求

命题和解题思路： 十九大报告中提出了一系列法治新判断、新思想，成为报告中的闪亮“音符”。十九大报告把坚持全面依法治国，确立为新时代坚持和发展中国特色社会主义基本方略的重要内容，对深化依法治国实践作出全面部署，为建设社会主义法治国家提供了科学指导。考生对十九大报告中关于依法治国部分的内容要有足够重视。2017 年 12 月，国务院发布了《中国人权法治化保障的新进展》白皮书，展示了中国人权法治化保障取得的巨大成就，表明中国人民的各项基本权利和自由得到更加切实的保障。本题将十九大报告中提出的新时代的社会主要矛盾和坚持人民主体地位、公民权利保障进行结合，串起多个考点，既涉及推进全面依法治国的重大意义，又涉及推进依法治国过程中，建设法治政府和公正司法对权利保障的意义和具体措施。

在形式上，该题采取的是材料分析题的命题方式；在内容上，着重考查全面推进依法治国如何实现对公民权利的执法和司法保障。考生仍然需要遵循“认真阅读材料，准确解读内容；完整理解问题，把握逻辑关系；列出结构层次，展开逻辑分析”的方式正确解题，即材料限定了答题方向，问题则指引了答题要点，框定了答题结构和层次。

先看材料并归纳重点：材料一表述的是新时代我国社会主要矛盾。重点之一是人们日益增长的美好生活需要，除了物质文化方面，还有民主、法治、公平、正义、安全、环境等方面的要求。重点之二是不平衡不充分的发展也会体现在以上这些方面之中。材料二概括了坚持人民主体地位的原则，强调在依法治国中要维护人民权益、增进人民福祉。

结合问题，命题人要求考生抓住的逻辑关系是“新时代，我国社会主要矛盾—具体化为法律平等保护公平对待的期待与执法、司法中问题的冲突—如何解决”，而关键点是“全面推进依法治国如何在对权利的执法和司法保障方面，事关人民幸福安康和国家长治久安”。

接下来将材料的内容和问题结合来看，需要回答的问题结构和层次是：

推进全面依法治国的重大意义是什么？这里哪些方面和新时代我国社会主要矛盾有所呼应？

社会主要矛盾中的“不平衡不充分的发展”在执法和司法领域的表现有哪些？

如何采取具体举措对此进行完善？

具体论述的逻辑展开是：

（1）根据题目要求，考生首先需要阐明推进全面依法治国的重大意义。接下来概括新时代我国社会主要矛盾的内容在法治领域的具体表现。重视和解决存在的矛盾与问题，正是推进全面依法治国的重大意义所在，即坚持和发展中国特色社会主义，实现国家治理体系和治理能力的现代化，实现人民幸福安康，党和国家长治久安。

（2）结合题目要求，首先需要明确在执法和司法领域有哪些“不平衡不充分的发展”，不符合人民群众对法律平等的保护和公平的对待的期待，侵犯了公民权利，无法体现对公民权利和自由的保障。进而指出提升权利保障法治化水平的意义在于，保证人民享有更加充分的权利和自由，努力实现社会公平正义，更好推动人的全面发展、社会全面进步。

（3）分别从执法和司法两个方面，论述采取哪些具体举措解决执法领域和司法领域存在的问题。这时，既要说明举措的内容，也要点明其制度针对性。这部分在论述时，可以以《决定》内容为依据，不必过于拘泥，将所有措施都一一列举，但也不能完全脱离《决定》自由发挥。只要大框架不离《决定》的基本内容，言之有据，论证充分，达到观点明确、论证充分、逻辑严谨、文字通顺等方面的要求，就能得到较好的分数。

答案解析：

一、推进全面依法治国的重大意义在于，依法治国是坚持和发展中国特色社会主义的本质要求和重要保障，是实现国家治理体系和治理能力现代化的必然要求，事关我们党执政兴国，事关人民幸福安康，事关党和国家长治久安。在新时代，人们对美好生活的需要不仅是物质文化生活的满足，还有得到法律平等的保护和公平的对待，在一个和谐的环境中享有一种可预期的安定的生活。但是同人民群众期待相比，同推进国家治理体系和治理能力现代化目标相比，法治建设还存在许多不适应、不符合的问题。

二、在执法领域，有法不依、执法不严、违法不究现象比较严重，执法体制权责脱节、多头执法、选择性执法现象仍然存在，执法不规范、不严格、不透明、不文明现象较为突出。在司法领域也同样存在司法不规范、不严格、以权压法、徇私枉法等问题。执法司法不公损害了人民群众的利益，侵犯了公民权利，需要从法治角度进行解决。全面依法治国，应当全方位提升权利保障法治化的水平，保证人民享有更加充分的权利和自由，努力实现社会公平正义，更好推动人的全面发展、社会全面进步。

三、依法行政，建设法治政府是公民权利法治化保障的重要环节。为此可从以下方面着手：

（1）依法明确行政权力边界，加快推进行政机构、职能、权限、程序、责任法定化，禁止行政机关法外设定权力，把权力关进制度的笼子。

（2）依法约束行政权力行使，建立权责统一、权威高效的行政执法体制，完善行政执法程序。建立行政机关内部重大决策合法性审查机制，实行重大决策终身责任追究制度及责任倒查机制。

（3）依法保障公民在行政决策中的参与权，统筹兼顾不同群体的利益诉求，保障公民对行政权力的监督权。

四、完善司法权力运行机制，规范司法行为是公民权利保障的重要防线。为此可从以下方面着手：

（1）确保审判权检察权依法独立公正行使，全面落实司法责任制改革，完善权责明晰、监管有效、保障有力的司法权运行机制。

（2）推进以审判为中心的刑事诉讼制度改革，明确刑事诉讼各阶段的基本证据标准，做到案件事实证据经得起法律检验，确保无罪的人不受刑事追究，有罪的人受到公正惩罚。

（3）保障人民群众诉讼权益，坚持非法证据排除规则，防范和纠正冤假错案。

（4）完善法律援助制度，保障律师执业权利，使当事人权利得到有效维护。

第五题

一、试题（本题为中国特色社会主义法治理论、宪法融合试题）

扫一扫 看微课视频

材料一：全面贯彻实施宪法，是建设社会主义法治国家的首要任务和基础性工作。宪法是国家的根本法，是治国安邦的总章程，具有最高的法律地位、法律权威、法律效力，具有根本性、全局性、稳定性、长期性。全国各族人民、一切国家机关和武装力量、各政党和各社会团体，各企业事业组织，都必须以宪法为根本的活动准则，并且负有维护宪法尊严、保证宪法实施的职责。任何组织或者个人，都不得有超越宪法和法律的特权。一切违反宪法和法律的行为，都必须予以追究。（**摘自习近平：《在首都各界纪念现行宪法公布施行三十周年大会上的讲话》**）

材料二：全面依法治国是国家治理的一场深刻革命，必须坚持厉行法治，推进科学立法、严格执法、公正司法、全民守法。成立中央全面依法治国领导小组，加强对法治中国建设的统一领导。加强宪法实施和监督，推进合宪性审查工作，维护宪法权威……各级党组织和全体党员要带头尊法学法守法用法，任何组织和个人都不得有超越宪法法律的特权，绝不允许以言代法、以权压法、逐利违法、徇私枉法。（**摘自习近平：《在中国共产党第十九次全国代表大会上的报告》**）

问题：

请根据材料一和材料二，结合推进全面依法治国的总目标，谈谈推动宪法与时俱进、维护宪法权威对深化依法治国实践的意义。

答题要求：

（1）无观点或论述、照搬材料原文的不得分；

（2）观点正确，表述完整、准确；

（3）总字数不少于600字。

二、答案精讲

请根据材料一和材料二，结合推进全面依法治国的总目标，谈谈推动宪法与时俱进、维护宪法权威对深化依法治国实践的意义。

答案要点：

一、全面推进依法治国的总目标是建设中国特色社会主义法治体系、建设社会主义法治国家。十九大报告中强调深化依法治国实践，从推进科学立法、严格执法、公正司法、全民守法等方面对这一总目标提出具体落实的任务要求。

具体来说，首先是加强宪法实施和监督，推进合宪性审查工作，维护宪法权威。其次在立法方面，要推进科学立法、民主立法、依法立法；在行政方面，要推进依法行政，严格规范公正文明执法；在司法方面，要深化司法体制综合配套改革，全面落实司法责任制；在守法方面，要加大全民普法力度，树立法治理念；在党的领导方面，各级党组织和全体党员要带头尊法学法守法用法。

二、健全宪法实施和监督制度，维护宪法权威在全面推进依法治国的总的工作格局中具有特殊的法律地位、法律效力和制度价值。首先，宪法在法律体系中具有最高地位，具有根本性和全局性。其次，宪法具有最高的法律效力。立法、执法、司法和守法都必须在宪法规定的范围内进行，任何组织或者个人都不得有超越宪法和法律的特权。最后，在制度价值上，宪法体现了我国人民共同意志和根本利益，宪法最高的法律地位、法律权威和法律效力正是人民主体地位在法律上的直接表现。

三、加强宪法实施和监督，需要宪法与时俱进。宪法进一步完善有利于更好维护宪法权威。宪法修改体现了党和国家事业发展的新成就新经验新要求，例如把党的十九大确定的重大理论观点和重大方针政策，特别是习近平新时代中国特色社会主义思想载入国家根本法，完善依法治国和宪法实施举措，增加有关监察委员会的各项规定，等等。

通过修宪健全宪法实施和监督制度，有利于推进全面依法治国，深化依法治国实践。具体来说，在立法方面有利于实现以良法促进发展、保障善治；在行政方面推进依法行政，建设法治政府；在司法方面保证和实现公正司法；在守法方面增强全民法治观念；在党的领导上提高党依宪执政和依法执政的能力和水平。

难度：难

考点：全面依法治国的总目标；党的十九大提出的深化依法治国实践的主要任务；健全宪法实施和监督制度

命题和解题思路：从 2017 年司法考试结束至今，党和国家具有法治意义的重大事件，第一是党的十九大的召开，提出“深化依法治国实践”，第二是第十三届全国人大第一次会议审议通过《宪法修正案》，对现行宪法作出了重要修改。2018 年《考试大纲》在法治理论部分有两处重要增加，其中一处是在第一章增加了“第四节　新时代深化依法治国实践的主要任务”。新增第四节中，既回应了全面推进依法治国的总目标，又论述了“党的十九大提出的深化依法治国实践的主要任务”，而且对《宪法修正案》的内容及其意义做出概括和说明，对宪法的地位、效力、在全社会进行宪法学习和宣传进行论述和强调。

这道题在命题中串联起三个重点：第一个是原有重点，即全面依法治国的总目标；第二个是新增重点，即党的十九大提出的深化依法治国实践的主要任务；第三个是变动的重点，即健全宪法实施和监督制度，强调维护宪法权威。

在形式上，该题采取的是材料分析题的命题方式；在内容上，着重考查宪法修改、维护宪法权威、强调宪法最高的法律地位、法律效力对十九大提出的深化依法治国实践的意义。考生应遵循“认真阅读材料，准确解读内容；完整理解问题，把握逻辑关系；列出结构层次，展开逻辑分析”的方式正确解题，即材料限定了答题方向，问题则指引了答题要点，框定了答题结构和层次。

先看材料并归纳重点：材料一表述的是宪法是国家的根本法，是治国安邦的总章程，具有最高的法律地位、法律权威、法律效力，是各类组织和个人根本的活动准则。材料二来自十九大报告中“六、健全人民当家作主制度体系，发展社会主义民主政治”中的“（四）深化依法治国实践”，是对其的总括概述。

接下来将材料的内容和问题结合来看，需要回答的问题结构和层次是：

全面依法治国的总目标是什么？

作为对这一总目标的具体化，党的十九大提出的深化依法治国实践的主要任务是什么？

健全宪法实施和监督制度，维护宪法权威在法治工作基本格局中的地位和意义是什么？

宪法修改如何促进宪法权威的实现？

具体论述的逻辑展开是：

（1）根据题目要求，考生首先需要阐明全面依法治国的总目标。接下来说明十九大报告中强调的深化依法治国实践，画龙点睛地提出新时代推进和实现依法治国的主要任务。进而对主要任务的层次进行分析，凸显加强宪法实施和监督，维护宪法权威的首要位置。

（2）结合题目要求，阐述健全宪法实施和监督制度，维护宪法权威在全面推进依法治国的总的工作格局中的法律地位、法律效力和制度价值。这里的难点是论述宪法的法律效力在立法、执法、司法、守法和党的领导方面的意义。

（3）扼要阐述宪法修改的相关内容及其意义，论述宪法修改如何促进宪法权威的实现。这部分在论述时，可以以《宪法修正案》内容为依据，但是不必过于拘泥，将所有修改内容都一一列举。但是也不能完全自由发挥，要注意表述的准确性。最后，要从深化依法治国实践主要任务的各个方面，对题目进行回应，体现推动宪法与时俱进、维护宪法权威对深化依法治国实践的意义。

在论证中要言之有据，论证充分，达到观点明确、论证充分、逻辑严谨、文字通顺等方面的要求。

答案解析：

一、党的十八届四中全会和党的十九大明确提出，全面推进依法治国的总目标是建设中国特色社会主义法治体系、建设社会主义法治国家。党的十八届四中全会明确建设中国特色社会主义法治体系的具体任务，是形成完备的法律规范体系、高效的法治实施体系、严密的法治监督体系、有力的法治保障体系，形成完善的党内法规体系。习近平总书记在十九大报告中强调深化依法治国实践，指出全面依法治国是国家治理的一场深刻革命，从推进科学立法、严格执法、公正司法、全民守法等方面对这一总目标提出具体落实的任务要求。

具体来说，首先是加强宪法实施和监督，推进合宪性审查工作，维护宪法权威。其次在立法方面，要推进科学立法、民主立法、依法立法；在行政方面，要推进依法行政，严格规范公正文明执法；在司法方面，要深化司法体制综合配套改革，全面落实司法责任制；在守法方面，要加大全民普法力度，树立宪法法律至上、法律面前人人平等的法治理念；在党的领导方面，各级党组织和全体党员要带头尊法学法守法用法，任何组织和个人都不得有超越宪法法律的特权。

二、宪法是立国之根基、治国之圭臬、强国之重器。健全宪法实施和监督制度，维护宪法权威在全面推进依法治国的总的工作格局中具有特殊的法律地位、法律效力和制度价值。

（1）宪法在法律体系中具有最高地位，它是国家的根本法，是治国安邦的总章程，规定了国家的根本制度和根本任务，具有根本性和全局性。

（2）宪法具有最高的法律效力。其一，其他一切法律、行政法规和地方性法规都必须以宪法为依据，都不得与宪法的内容相抵触。因此，立法必须在宪法规定的范围内进行。其二，一切国家机关和武装力量、各政党和各社会团体、各企业事业组织都必须遵守宪法和法律。一切违反宪法和法律的行为，必须予以追究。因此，执法、司法和守法都必须首先在宪法规定的范围内进行。其三，任何组织或者个人都不得有超越宪法和法律的特权。因此，各级党组织和全体党员首要的是带头尊崇宪法、遵守宪法，绝不允许以言代法、以权压法、逐利违法、徇私枉法。

（3）在制度价值上，宪法体现了中国人民共同意志和根本利益，巩固的是中国人民经过长期斗争而取得的最重大成果，即创建新国家和建立新制度。国家的一切权力属于人民，宪法最高的法律地位、法律权威和法律效力正是人民主体地位在法律上的直接表现。

三、在落实深化依法治国实践主要任务的过程中，应当加强宪法实施和监督，需要宪法与时俱进，需要宪法自身进一步的完善发展，从而更好地维护宪法权威。宪法修改体现了党和国家事业发展的新成就新经验新要求，在总体保持我国宪法连续性、稳定性、权威性的基础上推动了宪法与时俱进，例如把党的十九大确定的重大理论观点和重大方针政策，特别是习近平新时代中国特色社会主义思想载入国家根本法；确立科学发展观、习近平新时代中国特色社会主义思想在国家政治和社会生活中的指导地位；调整充实中国特色社会主义事业总体布局和第二个百年奋斗目标的内容；完善依法治国和宪法实施举措；增加有关监察委员会的各项规定等。

通过修宪健全宪法实施和监督制度，有利于坚持和完善中国特色社会主义制度，推进国家治理体系和治理能力现代化，保证国家法治的统一和权威，推进全面依法治国，深化依法治国实践。具体来说，在立法方面有利于实现以良法促进发展、保障善治；在行政方面推进依法行政，建设职能科学、权责法定、执法严明、公开公正、廉洁高效、守法诚信的法治政府；在司法方面保证和实现公正司法，提高司法公信力，让人民群众在每一个司法案件中感受到公平正义；在守法方面增强全民法治观念，建设社会主义法治文化，使宪法和法律的权威源自人民的内心拥护和真诚信仰；在党的领导上提高党依宪执政和依法执政的能力和水平。